28

FOTO**TORST**

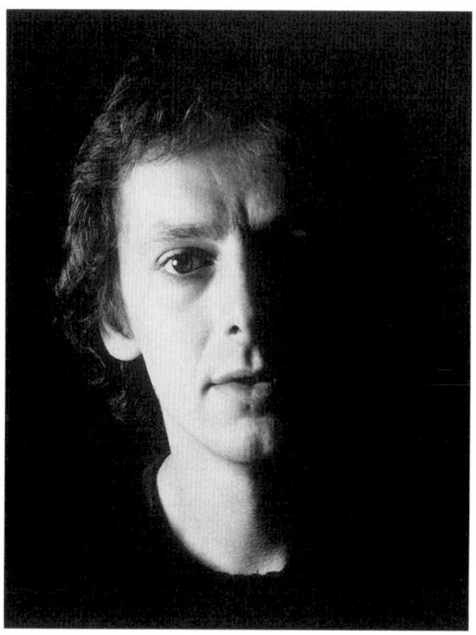

JITKA HLAVÁČKOVÁ

Bohumil **Krčil**

TORST

Kniha byla vydána ve spolupráci s Ministerstvem kultury České republiky.

Nakladatelství děkuje za pomoc při vydání knihy Anně Fárové, Jaroslavu Formánkovi, Jaroslavu Kynclovi a Vlastimilu Třešňákovi.

ISBN 978-80-7215-309-1

Who was Bohumil "Bob" Krčil?

The premature death of the photographer Bohumil Krčil in 1992, together with the difficulties in publishing his work in book-form, led to this remarkable figure being almost completely obscured in the wave of discovering important figures in the arts and culture of Czechoslovakia, which followed the collapse of the Communist régime in late 1989. It is hard to explain why the photographs of Krčil, of all pcoplc, have still not been published in a catalog or at least been shown in a comprehensive exhibition. Owing to their unusual subject matter and mainly their immediacy and emotional charge, they surely have something to say to the general public. Nor have his books, prepared to the last detail, received their due attention. Nevertheless, Krčil's work has had some opportunity to be discovered by the public: there were small exhibitions in New York, Paris, and Prague, and also photocopies of the *samizdat* volume *Sebráno v New Yorku 1987* (Collected in New York), containing his writing and photographs, which were passed around from hand to hand. That is why, for example, Jaroslav Formánek, the author of one of the few works about Krčil, could say in 1995: "Krčil's life became the stuff of legends even while he was alive, both among Czech émigrés and, later, in Czechoslovakia after the changes of late 1989."[1] Krčil's mysterious life, his relationship with Afghanistan, and his New York home became, for example, the basis of the novel *Klíč je pod rohožkou* (The Key is Under the Mat, 1995) by the musician and writer Vlastimil Třešňák. To discover who Krčil actually was, what his fate was, and what the complicated circumstances that influenced him were, one has to piece together fragmentary recollections, letters, and diaries, and to study his photographs.

"It must have been sometime in the summer of 1987," recalled the writer Iva Pekárková, in New York in 1993. "We were smoking grass together in his loft apartment on the East Side. He was talking about the layers of time, how everything that he had experienced, seen, visited, and lived through had settled in his head like geological sediment. All the chaos and confusion of his external life, he said, was deposited in his head like well-arranged compartments [...]. These compartments apparently had transparent walls and could be looked through backwards in time."[2]

Those who knew Krčil recall with great respect his nomadic life, contagious enthusiasm, and remarkably systematic approach and industry, and, almost all of them were taken by his almost child-like candor. Bohumil "Bob" Krčil (as he himself always gave his name) was as much a modern humanist as a classic artist; he was, in the best sense, not interested in material things, and had a clearly (though not dogmatically) formulated and consistently proclaimed attitude towards life. He was in continuous motion, without a visible need for financial security. Most of his money, earned sometimes by taking photographs, but often by doing manual labor, was invested in his humanitarian work or activity in the arts, whether it was an event in support of the Afghans and other oppressed peoples or promoting Czech émigré artists who, like him, were prevented from doing their art in their own country. He paid little mind to his own well-being; his living expenses were negligible. For the most part he didn't think at all about promoting himself or his work.

Home

"I got my first camera from my parents when I was ten," recalled Krčil. "I tended to focus on infinity, leaving the foreground completely blurry. I learned how to print photographs and develop film at home in the bathroom and at my school photography club [...]. Later, I was accepted to a vocational school for photography, but my father saw my future as being in building roads, so I studied land-surveying for a year in Brno."[3]

Krčil, who was born in 1952, was an only child, remarkably independent, growing up in the small town of Prostějov, Moravia. His family was not favorably inclined to his artistic interests, as is clear from what he himself said. After he quit his land-surveying course, he had to go and train as a tailor in a state-owned clothing factory (Oděvní závody) in Prostějov. During this involuntary schooling he devoted himself increasingly to photography, and, in 1968, he applied to the Film and Television School of the Academy of Performing Arts (FAMU), Prague, but was not accepted. Also at that time he began to travel regularly to Prague, where, in a little group of young people who used to meet in front of the National Museum, he made the acquaintance of Třešňák, who would become one of his closest friends.

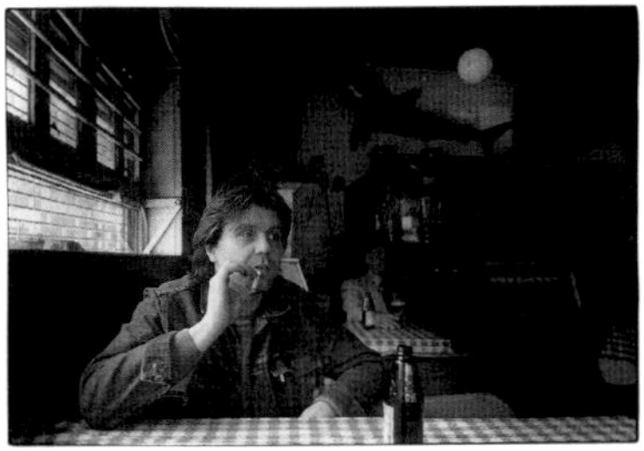

Vlastimil Třešňák

The young Krčil developed very radical attitudes and opinions. In the relative isolation of his small hometown, the overall hopelessness in the wake of the Soviet-led military intervention of August 1968 probably seemed even worse than in Prague, where immediately after the intervention people were forming the basis for an independent arts scene, without seeking state approval. On August 21, 1969, a seventeen-year-old Krčil and his friends laid flowers in a Prostějov park on the place where another friend had been shot dead by the Soviet-led forces. The reaction of the police to this act, including interrogations and beatings, became the direct impulse for Krčil to consider leaving the country, and nine days later he left Czechoslovakia for good. His thoughts on the future of the country and on his own prospects are cogently and rationally summed up in the goodbye letter to his parents: "I am going to try and explain to you somehow my prospects and opportunities here: I would complete my apprenticeship as a tailor, would do my compulsory [two-year] military service, then I'd return to work on the production line, probably get married, and that's it. And that is definitely not what I want. As for the political situation: if I came to terms with all of that, I'd never feel like a free, independent man. And I wouldn't be able to live in constant fear, uncertainty, and want. I am not leaving because of you, believe me. Instead, I am leaving to protect myself against possible measures limiting civil freedom or even reprisals, which we won't have to wait long for. I'm quite certain of that [...]." [4]

The letter reveals that it was a well-thought out, thoroughly planned act, not a mere whim. ("I booked a place on the bus to Vienna, and secretly took from home the clothes I needed most [...]."[5]). It was a decision, as Krčil himself later said, that he never regretted.

The Spaces Between

Krčil's long journey to a new home began after a short stay in Vienna. Less than two months after his arrival, during which time he tried to make a living by working for the Karel Pesek company, Krčil left Austria for Sweden. There, he was soon granted political asylum and eventually Swedish citizenship. He attended Uppsala University for several semesters, studying aesthetics, and the Konstfack (University College of Arts, Crafts and Design) Stockholm, for three years of photography. Despite his sound formal training, though not always systematic, Krčil considered himself self-taught. His art-school training, which was linked with some material support, enabled the independent, energetic Krčil to photograph unhindered both in Sweden and in France, Finland, Belgium, the Netherlands, Great Britain, Italy, Germany, Greece, and, on several trips alone, also in Afghanistan, Pakistan, India, and Tunisia. Concerning the financing of his travels Krčil wrote in the catalogue *Česká fotografie v exilu* (Czech Exile Photography, 1990), which he edited: "I earned money for photography and the travel related to it by working, for example, on the highway, as a lifeguard, tailor, cleaner, stagehand, songwriter, tree-planter, model, film extra, guitar teacher, photography teacher, barber, house painter, translator, bricklayer, graphic designer, photographer's assistant, and freelance photographer."[6]

Krčil spent the 1970s mostly traveling. The series of photographs of India (*Hashish in the Home of the Gods*) and Afghanistan (*Herat: The Gate of Time*) are among his most important creative works. His travels to Southern Asia resulted in a great number of black-and-white portraits of the people of India and Pakistan. One that stands out among them is the photograph of a man in the desert, behind whom, in the background, vultures hover over a dead ram. Krčil called it *Angel of Death* or *Welcome to India*. He put most of his European photographs from this period (which were made largely in France, where, apart from Sweden, he stayed most often) into the series *The Spaces Between* (begun in 1972) and *Pétanque Players* (France, second half of the 1970s).[7] Unfortunately Krčil did not manage to organize his photographs, select them, and put them into the various series that he had carefully planned in his head – it was in his nature always to work, whenever possible, with a clear intention beforehand. All we know about these series today is what Krčil said about them. It is hard to tell exactly what they were meant to contain.

On his travels, Krčil was looking for landscapes to photograph, which were close to his heart. It was as if the atmosphere of the outskirts, with the people who were living there from one day to the next, was the only one in which he could exist. The vast majority of the subjects of Krčil's photographs reflect, without any stylization, the milieus which he himself moved about in all his life. That was manifested during his travels in Europe and Asia, and later to New York. The photographs from this period are marked by a ubiquitous melancholy and feeling of being uprooted, characteristic of the situation of a recent émigré. Unintentionally, they also reveal Krčil's interest in places, people, and the atmosphere of life on the edge, beyond the bounds of modern civilization. They radiate an urgent need to be continuously on the move and to get to know new places, particularly those where he felt the presence of traditional cultural values.

Herat: The Gate of Time

Krčil first visited the ancient Afghan city of Herat in 1972. Despite his initial intention, however, he returned to Uppsala almost without a single photograph from there. The special spirit of the place, a city that seemed to have been arrested in its development several centuries before, utterly captivated Krčil. In an effort not to disturb the atmosphere, he forsook the tempting possibilities of taking home a valuable souvenir in the form of a gripping photo-story, and decided instead to establish direct contact with the locals without the psychological barrier of the camera.

In April 1978 Krčil learnt of the Communist takeover in Afghanistan, and, suspecting of the possibility of the imminent demise of this distinctive culture, immediately decided to travel to the country again. This time he made the money for the trip with a two-month job in the Stockholm Metro. During his week's stay in Herat in November 1978, he then took more than a thousand photos of people of the city in the last period of the relative peace that ended with the Soviet invasion in December 1979. In reaction to the violent resistance to the Communist takeover, Soviet troops began brutally to destroy this remarkable enclave of old Muslim culture; the city and surrounding villages were bombarded, and many thousands of people died here on a single day. The green valley of Herat was turned into a moonscape; what remained did not survive the battles that came to a head in 1985 with the razing of a large part of Herat and a new wave of murder. The situation during his second stay in Afghanistan is described by Krčil in the following words: "By that time people were being arrested for no apparent reason, and some of them were even executed. A curfew was in force from nine in the evening to five in the morning, and at night you could hear shooting [...]. At one border crossing the customs officers confiscated some rolls of film from me, and asked in English, through a translator, who my political contacts were, whether I worked for the CIA or some organization like that [...]. I had a Swedish passport, and fortunately managed to convince them that I was studying architecture [...]. One day the hotel manager called together all of us guests and told us that every foreigner had to leave the city by eight o'clock that evening, and that the hotel would be closed. It was clear that something was being planned, which the authorities didn't want to have any witnesses to."[8]

In ancient Herat, Krčil photographed a different reality than the faded glory of the kings and emperors who had once lived here for thousands of years. Intuitively he focused all his attention on the least showy side of the vanishing world of old Muslim culture. His photographs show not a trace of the eye-catching ornament or pompous expression of religious tradition, which together form the basis of our ideas about this part of the world. His black-and-white photographs of Afghanistan are just as restrained as his photographs of Sweden, France, Great Britain, and, later, New York. In them he has recorded mainly scenes of everyday life at markets, small shops, and warehouses, typical lounging about and smoking in passageways, tearooms, and arcades, simple stonewalls, and the courtyards of houses attached to half-tumbled-down ramparts. Krčil's Afghan photographs, like his short story "Bazén" (The Swimming Pool),[9] evince a profound affinity with the population of a once highly civilized metropolis. Krčil, indifferent to material comforts, clearly admired the dignity that the residents of Herat had preserved despite their apparent poverty and simple way of life. The subjects of his photographs are mainly the men whom he had got to know during his first visit and their friends. Perhaps that is also why their recurring faces are usually sincere and relaxed, without the stubborn determination that one sees in the work of other photographers working here in the same period or later. Perhaps Krčil's most popular photograph is *Candymen*, which shows two young men laughing and kneading a mixture for candy in a big pan.

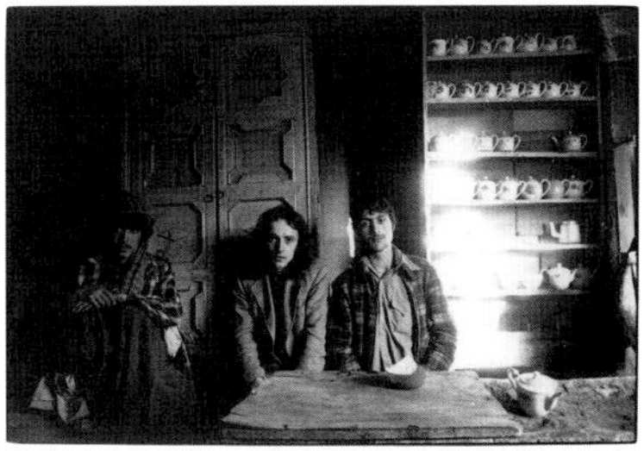

Self-portrait with two Afghans

Krčil's sorrow at the destruction of the town, which he had had an opportunity to know first hand during his travels, must have been great. He had a second opportunity to experience, though indirectly, the destruction of a cultivated milieu that he was fond of, and this double experience had a great impact on his future. It revived his consciousness of wrongs committed against his native land and the feeling of the hopelessness of the situation. He then observed events in Afghanistan throughout the 1980s with almost the same intensity as he had observed events in Czechoslovakia.

After returning from Afghanistan, and particularly after moving to the United States, Krčil tried by all means possible to bring attention to the desperate situation of the Afghans. All his efforts, however, came to naught, and he became disillusioned. In the early 1980s it seemed almost no one in America – particularly the politicians – cared about Afghanistan. As Krčil's friend and fellow-photographer Jan Lukas, whom he saw often in New York, put it: "When Krčil came from Afghanistan with those photographs of his, we wanted to mount a big exhibition for him. I went to [Robert] Capa, and you know what he told me? He said that it would not be the right thing to do, that it would be wrong politically, because it would insult the Soviet Union, which had just shot to smithereens all the beautiful things in Krčil's photographs!"[10] Krčil did not exhibit his Afghan photos till 1986, in a series called *Herat: The Gate of Time*. It was at the 7A Cafe Gallery in the East Village, and the periodical *Downtown* ran his short report about Herat with commentary by Rosanne Klass, Director of the Afghanistan Information Center of Freedom House, New York.[11]

His indignation at the situation in both countries and at passive American policy towards Afghanistan led him to coorganize, among other things, a demonstration in support mainly of Czechoslovakia and Afghanistan in November 1989.

The Home of the Gods

"Mountains, hilltops, lakes, springs, rivers, and waterfalls," writes Krčil, "all the trees, plants, and rocks are inhabited by numerous spirits, demons, gods, and goddesses [...]. Each of them expresses, in its own way and form, a certain characteristic of a given material phenomenon [...]. The Nag deities are those that have been worshipped in this part of the Himalayas for the longest period. According to legend they assume the form of snakes, which enables them to crawl through underground mountain streams and emerge in springs. The most dreadful of the local gods are the spirits governing storms, called Bakshasa [*sic*]."[12]

The only series of Krčil's color photographs have been made during his third journey to North India in June 1979 and holds an exceptional place in his work. During this trip he visited part of the Himalayas, called, according to local tradition, "The Home of the Gods." On this occasion he made photographs and wrote the book *Hašiš v Domově bohů* (Hashish in the Home of the Gods). Still unpublished to this day, it shows the life of the people of Himalayan villages with, according to Krčil, "the oldest existing hashish culture in the world."[13] Krčil was fascinated by the idea of a longed-for "paradise on earth" in which the power of tradition enabled the survival of a way of life that had for centuries been untouched by modern civilization (while Krčil was there, that part of the world was still almost completely isolated), a paradise of countless legends and tales of deities and the secret powers of omnipotent Nature. Krčil tried to record some of them in his book.

Manhattan

Krčil left for the United States on a three-month tourist visa in 1980, with the intention of visiting friends and exploring New York City. He didn't dare speculate too much about getting photography assignments there, but when one came along, he jumped at the opportunity and prolonged his stay. New York immediately consumed Krčil, though the vision of a substantial income gradually faded away during the several years of struggling to earn a living while his immigration status remained unsettled. During the first six-year sojourn in New York City he changed address 32 times, until he found affordable accommodations in a loft apartment on Allen Street in the old Jewish district of the Lower East Side. Again it was between two worlds, a milieu with the colorful atmosphere of outsiders, where mainly poor immigrants and prostitutes lived. From 1981 onwards he repeatedly requested permanent residence from the American authorities and was repeatedly turned down. He earned a living only by the occasional sales of his prints. With the help of several friends[14] he managed to survive the difficult beginning, and also to carry out, at least in part, some of his photography and publishing plans. In the fourth year of his stay in America, he found a basic way to solve his financial problems: he began to sell his photographs on the street. Surprisingly, that turned out to be the most lucrative way to earn a living. What's more, owing to his communicative nature, he enjoyed the contact it provided with people interested in the subject matter of his photographs. In any case, both earning a living and doing art were, for Krčil, mostly linked with New York, and he didn't leave the city even when the momentous changes in Czechoslovakia had begun in November 1989. Though he had permanent-resident status, he was still not an American citizen, and there was a danger that if he left his new home he would not be allowed to return.

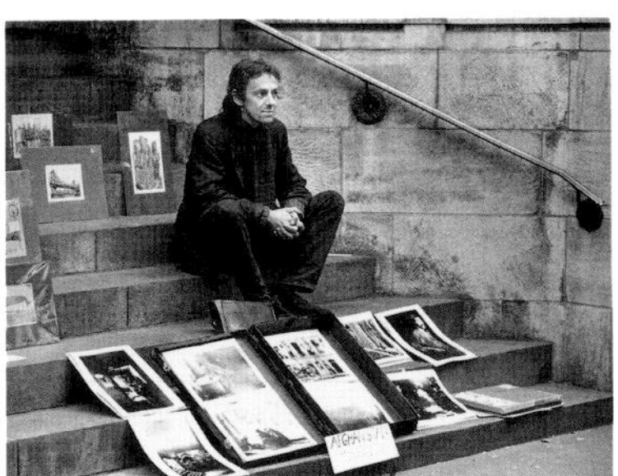

Self-portrait on stairs

In his *samizdat* publications Krčil shared his views of the city he was in profound harmony with. His photographs of Manhattan form the background to the documents about people whose lives were also linked with New York. In an interview conducted near the end of his life, Krčil discussed his intention to finish the set of Manhattan photographs with a series focused on the city that he was so attracted to by its highly aesthetic appeal and wealth of visual paradoxes. In the composition of his New York photographs Krčil tried especially hard to achieve balance and coherence. Relying heavily on shadows and light, often using subtle mirroring or screening part of the picture with smoke he achieves complete, intricately structured pictures. Each photograph here works alone. All of them contain a hint of monumentality and also subtle details. Each, with a poetic symbol, tells a story of the city. One of the best examples of this complexity is the scene of a person in a wheelchair to the left and a sleek sports car to the right, both in front of the Guggenheim Museum. The background of the composition is provided by the robust, architecturally austere central spiral of the museum, a New York icon, made dreamily lighter by the fluttering shadows of pigeons in flight.

One of the few important commissions Krčil received also dates from his American period. It is a series of black-and-white portraits for the nationwide American campaign *Say No to Drugs*, which aimed to discourage young people from using narcotics and alcohol. The series also contains all the distinctive features of Krčil's art: the black-and-white documentary portrait, made as a frontal shot on 35 mm film, as natural as possible, without a trace of having been arranged, revealing harmony between the photographer and the sitter. It is an irony of fate that his name is not at all linked with these photographs, though they are probably the most widely known of Krčil's works.

Publisher

Despite his great personal independence, Krčil always had a strong sense of belonging amongst other people, not only idealistically, as with his empathy for the people of Afghanistan or totalitarian Czechoslovakia. He always tried to be in direct touch with real people and was motivated by strong personal engagement. Perhaps because of the situations in which he found himself when traveling alone, Krčil was intensely conscious of how the life of the individual depends on the lives of others, and his interest in their lives and work was often far stronger than his interest in his own art.

Thus in the late 1970s, just after finishing his studies and still without financial security or a permanent address, Krčil began to compile material for his first publication as editor, a great work taking stock of the arts and culture of Czech émigrés. After expending a tremendous amount of energy over several years of searching for Czech émigré photographers dispersed throughout the world, and then gathering material by correspondence, Krčil managed to compile and edit the catalog *Česká fotografie v exilu*. The initially hopeful attempts to publish the book and organize an accompanying exhibition in America came to naught, and Krčil's years of work ended up shelved for a long time. This unanticipated failure was the first big blow to Krčil's idealism. Not till seven years later and on another continent was Krčil's carried out, when, after the changes in Czechoslovakia beginning in autumn 1989, the art historian Kateřina Klaricová managed to organize an exhibition of the material Krčil had gathered, and she published the book in his native country.

Thanks to another of Krčil's big projects, the 400-page *samizdat* volume *Sebráno v New Yorku* 1987 was published. It is an attempt to chart out Czech émigré arts and culture in the United States, particularly New York City, with interviews, profiles, short articles, letters, works by a wide range of people of various generations and occupations. Among the contributors are the rock guitarist Ivan Král and drummer Erno Šedivý, the artist Peter Sis, and Krčil's friends and fellow-photographers Jan Lukas and Alexandr Hackenschmied. Krčil's contribution, as in most of his publications, includes not only writing brief profiles of the artists and doing the editing, but also coming up with the graphic design, making the accompanying photographs, transcribing by hand, and making several dozen photocopies at his own expense.

From the start, the publication of the volume about Czech émigré culture in New York was also driven by the attempt to get the dilapidated Bohemian National Hall restored as a place for the arts. This building, located at 321–325 East 73rd Street, was erected in 1895–97 on land bought by several Czech-American societies. When Krčil was living in New York, it was abandoned and then partly sold off to a faction of émigrés, which clearly sabotaged the activity of the Czech community in New York City. One of the aims of the volume therefore was to show that there were enough important people involved in the arts in New York, who would like to use the rooms of the Bohemian National Hall. Regrettably, Krčil was unsuccessful in this clearly politically oriented cause, despite all the time and energy he had devoted to it. Nevertheless, the volume met with a great response not only among Czech émigrés in the United States, but also in Europe, appreciated for both its content and its truly original form. As Milan Zelený, an economist and professor in New York, says, it was a "document of values, opinions, language, and a way of life of a certain group (that is, Czech émigrés) and their times."[15] After the success of the first volume of *Sebráno v New Yorku*, Krčil began an even bigger, second volume, which he worked on closely with the Czech émigré photographer Antonín Kratochvíl, who resided in New York in the 1980s and helped Krčil, for example, by getting him photography jobs.

A good documentary photographer requires a certain degree of involvement in the situation being recorded, some compassion for the people photographed. Without it, a photograph lacks persuasiveness. Krčil had all the prerequisites, yet was not a typical documentary photographer. His photographs are, in the words of a leading Czech photography historian, Anna Fárová, "never a photo-documentary or a piece of photojournalism; rather, they are testimony about himself and his conception of the universe."[16]

Capturing in an original way the life of individuals living on the margins of society, Krčil's work has always displayed strong social concern and extraordinary empathy. Like his better known friends and fellow-photographers Kratochvíl and Josef Koudelka, Krčil too was able inadvertently to use his status as an exile, a man without a home. Together with his natural openness, tolerance, and amiability, that status opened doors for him to people's homes across continents, regardless of nationality or religious confession.

His work always moved between the highly personal documentary photography of his travels and, on the other hand, the portrait. By linking the two, Krčil created travel portraits, his most typical means of expression, not only as a photographer, but also as an editor and publisher. Krčil's approach to photography was simple, yet informed. It was distinctive, not determinative. As Fárová notes: "the photographer stands directly before his subject, rather than searching for complicated, artificial shots. The camera moves with the eye of the observer. Everything happens only in the relationship between the photographer and the thing photographed [...]."[17] He used a single-lens reflex camera with a small range of lenses, preferring a wide-angle (either 28 mm or 35 mm).

He never cropped his photos, always enlarging the whole frame of the negative. Nor are Krčil's photographs founded on a striking authorial style or an attempt to make the most dramatic shot. Before photographing anything, he sought to establish a personal relationship with his subject. Krčil was not a servant to photography. Photography served his ends.

Notes

1 Jaroslav Formánek, "Proč si vzal s sebou deštník?," *Revolver Revue*, 1997, no. 35.
2 Bohumil "Bob" Krčil, ed. Jaroslav Kyncl, with articles by: Anna Fárová, Viktor Klouda, Iva Pekárková, *Revue K*, Issue 46–49, Paris 1993, p. 5–23.
3 Bohumil Krčil (ed.), *Česká fotografie v exilu*, Introduction and summary by Kateřina Klaricová, Afterword by Charles Salaquarda, Brno: Host, 1990, p. 138.
4 Formánek, "Proč si vzal s sebou deštník?"
5 Ibid.
6 Krčil (ed.), *Česká fotografie v exilu*.
7 Bohumil Krčil (ed.), *Sebráno v New Yorku 1987*, Introduction by B. Krčil, New York: Bohumil Krčil, 1987, p. 375.
8 "Art and Politics Emerge in His Photography: Profile of Bohumil 'Bob' Krčil," *Downtown* (New York), October 8, 1986, p. 13-A.
9 Bohumil "Bob" Krčil, "Bazén," *Paternoster*, 1983, vol. 4 (1984), no. 5, pp. 52-61; republished in 1992, no.4, pp. 42ff.
10 See the videorecording of Jaroslav Kyncl's interview with Jan Lukas, 1989, in the Archive of Czech Exile Art of Mila and Jaroslav Kyncl, Chicago, USA.
11 Rosanne Klass, "Herat, A Proud City, 2500 Years Old, Now Being Destroyed," pictures by Bohumil Krčil, *Downtown*, October 8, 1986, New York, pp. 11-A–15-A.
12 Bohumil Krčil, "Hašiš v Domově bohů," Czech version, New York, 1991, unpublished.
13 Ibid.
14 In a 1985 letter to the United States Immigration and Naturalization Service, among the people who supported him most after his arrival in New York, Krčil mentions in particular Joseph Gross and William T. Rafael, with whom he stayed in 1981–83, while working on his novel *The Aerial Hooligan*, unpublished.
15 See the letter from Milan Zelený to Bohumil "Bob" Krčil, December 26, 1987, in the archive of the Náprstek Museum of Asian, African and American Cultures, part of the National Museum, Prague.
16 See the article by Anna Fárová in "Bohumil 'Bob' Krčil," ed. by Jaroslav Kyncl, *Revue K* (Paris), nos. 46–49, 1993, pp. 5–23; later published in Czech for the Krčil exhibition at the Galerie U bílého jednorožce, Klatovy, 1994. This issue also contains articles by, among others, Viktor Klouda and Iva Pekárková.
17 Ibid.

All quotations and paraphrases of Krčil's words that appear here without citing a source are taken from the video-recording of interviews conducted by Garry Griffin (New York, November 1989), Jaroslav Kyncl (New York, summer 1991), and Kateřina Klaricová (New York, May 1991).

Kdo byl Bohumil „Bob" Krčil?

Předčasná smrt fotografa Bohumila Krčila v roce 1992 spolu s potížemi při knižním vydávání jeho díla způsobily, že tato pozoruhodná osobnost v polistopadové vlně objevování české kulturní a umělecké elity téměř zcela zapadla. Je jen obtížně vysvětlitelné, proč se právě on, jehož fotografie dokáží nejen svými neobvyklými náměty, ale především svou bezprostředností a emocionálním nábojem oslovit široké publikum, dosud nedočkal vydání katalogu či alespoň uspořádání významnější výstavy, ani zveřejnění vlastních, do posledního detailu připravených publikací. Několik šancí proniknout na veřejnost přesto Krčilovo dílo přece jen dostalo: jednak prostřednictvím menších výstav uskutečněných v New Yorku, Paříži a Praze, a také při kolování xerokopií jeho samizdatového sborníku *Sebráno v New Yorku 1987*, obsahujícího mimo jiné i jeho texty a fotografie. Proto mohl v roce 1995 Jaroslav Formánek, autor jednoho z mála textů o Bohumilu Krčilovi, konstatovat: *„Krčilův osud se stal námětem k legendám ještě za jeho života. A to jak v českém exilu, tak po roce 1989 i v Československu."*[1] Krčilova tajemstvím opředená osobnost, jeho vztah k Afghánistánu i jeho newyorské bydliště se kromě jiného staly předlohou románu Vlastimila Třešňáka *Klíč je pod rohožkou*. Kdo však vlastně Bohumil Krčil byl, jaký byl jeho osud a složité okolnosti, jež ho ovlivňovaly, to je třeba skládat ze střípků vzpomínek, dopisů, deníků a studiem jeho fotografií.

„Muselo to být někdy v létě 1987. Kouřili jsme spolu v jeho podkrovním bytě na East Side trávu. Vykládal při tom o vrstvách času. O tom, jak se mu vše, co zažil, viděl, navštívil a prožíval, usazuje v hlavě jako geologické sedimenty. Veškerý chaos a zmatek jeho vnějšího života se mu prý ukládá do hlavy v podobě přehledných přihrádek... Ty přihrádky prý mají průhledné stěny a lze do nich nahlížet dozadu, v čase." (Iva Pekárková, New York 1993)[2]

Vzpomínky pamětníků vypovídají o jeho nomádském životě, strhujícím entusiasmu i pozoruhodné systematičnosti a pracovitosti s velkým respektem a málokdy bez osobního zaujetí jeho až dětsky přímočarou osobností. Bohumil „Bob" Krčil (jak sám své jméno vždy uváděl) byl ve stejné míře novodobým humanistou jako klasickým umělcem; byl v nejlepším smyslu slova materiálním asketou s jasně (nikoli však dogmaticky) formulovaným a velmi konzistentně proklamovaným životním postojem. Jeho život se odehrával v neustálém pohybu, bez viditelné potřeby existenčních jistot. Většinu financí, získaných někdy fotografováním, častěji však zcela podružnou manuální prací, směřoval do svých humanitárně či kulturně zaměřených aktivit, ať už se jednalo o akce na podporu Afghánců a dalších potlačovaných národů, nebo o propagaci českých umělců, kteří podobně jako on nemohli tvořit ve své vlasti. Vlastní prospěch pro něj zůstával stranou zájmu, životní náklady byly téměř zanedbatelné. O propagaci své osoby a tvorby se nestaral v podstatě vůbec.

Domov

„Svůj první fotoaparát jsem dostal od rodičů, když mi bylo deset. Měl jsem sklon zaostřovat na nekonečno a popředí nechávat perfektně rozmazané. Zvětšovat a vyvolávat fotky jsem se naučil doma ve vaně a ve školním fotokroužku… Později jsem byl přijat na fotografické učiliště, otec ale viděl moji budoucnost v dálnicích, proto jsem v Brně rok studoval zeměměřičství.“[3]

Bohumil Krčil (* 1952) vyrůstal coby pozoruhodně samostatný jedináček v maloměstském prostředí Prostějova. Rodinné zázemí jeho uměleckým zájmům, jak ostatně vyplývá z uvedeného citátu, příliš nepřálo. Po útěku ze zmíněného studia zeměměřičství se musel jít učit krejčím do Oděvních závodů v Prostějově. Během svých nedobrovolných studií se nicméně stále více věnoval fotografování a v roce 1968 se bez úspěchu pokusil i o přijetí na pražskou FAMU. V té době také začal jezdit pravidelně do Prahy, kde se ve skupince mladých lidí scházejících se před Národním muzeem setkal s jedním ze svých budoucích nejdůvěrnějších přátel Vlastimilem Třešňákem.

Mladý Bohumil Krčil si své postoje a názory utvářel velmi radikálně. V izolaci malého města se bezvýchodnost situace bezprostředně po srpnové okupaci jevila snad ještě zoufaleji než v Praze, kde se vzápětí začalo plynule tvořit zázemí pro neoficiální kulturní projevy. Jednadvacátého srpna 1969 položil sedmnáctiletý Bohumil s kamarády v prostějovském parku kytici na místo, kde byl během invaze zastřelen jejich společný přítel. Následný represivní zásah policie, zahrnující výslech a bití, se stal pro Krčila přímým impulsem k úvahám o odchodu ze země. O devět dní později z Čech natrvalo emigroval. Své úvahy o budoucnosti země i o vlastních perspektivách výstižně a racionálně shrnul v dopisu na rozloučenou, adresovaném rodičům: „*...Pokusím se Vám tak nějak vysvětlit svoje vyhlídky a možnosti tady: tedy vyučil bych se, šel na vojnu, potom se vrátil, dělal na páse, asi se oženil, a to je vše, a to nechci v žádném případě. Dále politická situace: když už bych se smířil s výše napsaným, nikdy bych se necítil jako svobodný a samostatný člověk, nedovedl bych žít ve stálém strachu a nejistotě a taky nedostatku. Můj odchod není odchodem od Vás, to mi věřte, ale zajištění se před možnými opatřeními omezujícími občanskou svobodu nebo případnými represáliemi, na které nebudeme muset dlouho čekat. O tom jsem přesvědčen...*“ [4]

Z obsahu dopisu vysvítá, že šlo o promyšlený a důkladně připravený čin, nikoli o náhlé hnutí mysli („*...zamluvil jsem místenku na autobus do Vídně, potají odnášel to nejnutnější oblečení...*“[5]). Podle svých slov Bohumil Krčil svého rozhodnutí nikdy později nelitoval.

Prostory mezi

Krčilova mnohaletá cesta za novým domovem začala krátkým pobytem ve Vídni. Po necelých dvou měsících, kdy si tam pokoušel vydělat na živobytí ve firmě Karla Peska, Krčil Rakousko opustil a pokračoval do Švédska, kde brzy získal politický azyl a posléze i státní občanství. Vystudoval několik semestrů estetiky na univerzitě v Uppsale a tři roky fotografie na Vysoké uměleckoprůmyslové škole ve Stockholmu. Přes kvalitní, ne však zcela systematické studium se Krčil sám vždy považoval za samouka. Zázemí umělecké školy spojené s jistou materiální podporou umožnilo nezávislému a činorodému Krčilovi fotografovat zcela bez omezení jak ve Švédsku, tak ve Francii, Finsku, Belgii, Nizozemí, Anglii, Skotsku, Itálii, Německu, Řecku a během několika samostatných cest také v Afghánistánu, Pákistánu, Indii a Tunisku. K financování svých cest Krčil sám uvedl ve svém medailonu v katalogu *Česká fotografie v exilu*: „*...na fotografování a cestování s ním spojené jsem si vydělával mimo jiné jako silničář, plavčík, krejčí, uklízeč, kulisák, písničkář, sazeč lesních stromků, model, statista, učitel hry na kytaru a fotografování, holič, natěrač, překladatel, zedník, grafik, fotoasistent a fotograf na volné noze.*“[6]

Sedmdesátá léta Krčil strávil většinou na cestách, přičemž cykly fotografií z Indie (*Hašiš v Domově bohů*) a Afghánistánu (*Herát – brána časů*) patří k jeho nejvýznamnějším tvůrčím počinům. Z cest do jižní Asie pochází množství zejména portrétních černobílých fotografií obyvatel Indie a Pákistánu. Mezi nimi vyniká fotografie muže na poušti, za nímž v pozadí obletují supi mrtvolu berana, publikovaná pod názvy *Anděl smrti* nebo *Vítej v Indii*. Své evropské fotografie z tohoto období, pořízené zejména ve Francii, kde se zdržoval kromě Švédska nejčastěji, soustředil mimo jiné do souborů *Prostory mezi* (od roku 1972) a *Koulaři* (Francie, 2. polovina 70. let).[7] Naneštěstí Krčil nestihl uspořádat své snímky a vybrat a sestavit je do cyklů, které měl ve svých představách pečlivě naplánované – v jeho povaze bylo pracovat pokud možno vždy s předem jasným záměrem. O existenci zmíněných cyklů víme dnes pouze z autorova svědectví a zatím nejsme schopni přesněji vymezit jejich zamýšlený obsah.

Bohumil Krčil na svých cestách vyhledával a zaznamenával krajiny sobě blízké, jako by atmosféra periferií, přežívajících ze dne na den, byla jediným možným místem jeho existence. Naprostá většina námětů Krčilových snímků odráží bez jakékoli stylizace prostředí, v němž se on sám po celý život pohyboval. To se projevilo při jeho evropských a asijských cestách, i později v New Yorku. Snímky z tohoto období jsou poznamenány všudypřítomnou melancholií a pocitem vykořeněnosti, charakteristickým pro situaci čerstvého vystěhovalce. Bezděčně se na nich projevuje již také Krčilův zájem o místa, osoby a atmosféru na hraně – za hranicí moderní civilizace. Vyzařuje z nich nutkavá potřeba stále měnit místo a poznávat nové země, zejména ty, v nichž cítil ohrožení tradičních kulturních hodnot.

Herát – brána časů

Starodávné afghánské město Herát navštívil Bohumil Krčil poprvé v roce 1972. Přes svůj původní záměr se však odtud vrátil do Uppsaly takřka bez jediného snímku. Genius loci tohoto místa, jež jakoby ustrnulo ve svém vývoji před několika staletími, Krčila zcela ovládl. Ve snaze nenarušit jeho nedotčenou atmosféru, vzdal se lákavé možnosti odnést si cenný suvenýr v podobě poutavé reportáže a rozhodl se raději navázat bezprostřední kontakt s místní realitou bez psychologické bariéry fotoaparátu.

V dubnu 1978 se Krčil dozvěděl o komunistickém puči v Afghánistánu a okamžitě, v tušení možnosti blízkého zániku této osobité kultury, se rozhodl do země vypravit znovu. Na cestu si tentokrát vydělal dvouměsíční brigádou ve Stockholmském metru. Během týdenního pobytu v listopadu 1978 pak v Herátu pořídil přes tisíc snímků, na nichž je zachycen život obyvatel města v posledním období relativního míru, které skončilo v prosinci 1979 ozbrojenou invazí sovětských vojsk. V reakci na násilný odpor proti komunistickému převratu začala být tato pozoruhodná enkláva staré muslimské kultury brutálně likvidována; město i okolní vesnice byly vybombardovány, v jediném dni zde zahynulo mnoho tisíc lidí. Zelené údolí Herátu bylo proměněno v měsíční krajinu a co zbylo, nepřečkalo boje, které vyvrcholily v roce 1985 vypálením velké části města a novou vlnou vraždění. Situaci v době svého druhého afghánského pobytu popsal Krčil mimo jiné těmito slovy: *„V té době již byli lidé zatýkáni bez zjevného důvodu, a někteří i popravováni. Od deváté hodiny večer do pěti do rána byl zákaz vycházení, a v noci jste mohli slyšet střelbu... Na jednom přechodu mi celníci zabavili nějaké filmy a přes anglického překladatele se mě ptali na mé politické kontakty – jestli pracuju pro CIA nebo tak... Měl jsem švédský pas a naštěstí se mi podařilo je přesvědčit, že studuju architekturu... Jeden den svolal hotelový manažer všechny hosty a řekl nám, že všichni cizinci musí do osmi hodin večer opustit město – a že hotel bude zavřený. Bylo jasné, že se chystá něco, pro co úřadující orgány nechtějí mít žádné svědky.“*[8]

Bohumil Krčil ve starobylém Herátu zachytil jinou skutečnost nežli svět zašlé slávy králů a císařů, kteří zde po tisíciletí sídlili. Zcela instinktivně soustředil veškerou svou pozornost na nejméně okázalou stranu zanikajícího světa staré muslimské kultury. Na jeho fotografiích nenajdeme ani stopu pompézního ornamentu či okázalých projevů náboženských tradic, jež společně tvoří základní souřadnice našich představ o této části světa. Jeho černobílé fotografie jsou stejně civilní jako snímky ze Švédska, Francie, Anglie či později z New Yorku. Zaznamenával na nich především scény z denního života na tržištích, v malých krámcích a skladištích, typické vysedávání a pokuřování v průjezdech, čajovnách, loubích, prostých kamenných zdech či dvorcích domů přilepených k polorozpadlým hradbám. Krčilovy afghánské fotografie, stejně jako jeho krátká povídka Bazén[9] svědčí o hluboké spřízněnosti s obyvateli bývalé kulturní metropole. Krčil, povznesený nad materiální bohatství, zjevně obdivoval noblesu, kterou si Heráťané i přes svou zdánlivou chudobu a prostý způsob života zachovali. Fotografoval zde především muže, s nimiž se seznámil již během své první návštěvy, a jejich přátele. Jejich opakující se tváře jsou snad i proto většinou srdečné, oproštěné od stresujících okolních událostí, bez sveřepé odhodlanosti, kterou můžeme vidět na fotografiích jiných autorů, pořízených ve stejné nebo v pozdější době. Snad nejoblíbenější Krčilovou fotografií byli *Cukráři* – snímek dvou rozesmátých mladíků hnětoucích na velké pánvi směs pro cukrovinky.

Krčilův smutek ze zkázy města, které měl na svých cestách možnost bezprostředně poznat, musel být velmi silný. Již podruhé měl možnost zažít, byť ne přímo, destrukci kulturního prostředí, které mu bylo blízké, a tato dvojí zkušenost významně ovlivnila jeho další existenci. Naplno v něm obnovila uvědomění si křivd a bezvýchodnosti situace v jeho rodné zemi. Dění v Afghánistánu pak sledoval po celá osmdesátá léta téměř se stejným zaujetím jako situaci v Československu.

Po návratu z Afghánistánu, a zejména po přesídlení do Spojených států, usiloval Krčil všemi způsoby o zviditelnění zoufalé situace Afghánců. Po jeho snahách však následovalo pouze rozčarování, neboť o problémy Afghánistánu se na počátku osmdesátých let v Americe nikdo – a zvláště ne politická reprezentace – příliš nezajímal. Dobře to vyjádřil Jan Lukas, s nímž se Bohumil Krčil v New Yorku často vídal: *„Když přijel Krčil z Afghánistánu s těmi jeho fotkami, tak jsme mu chtěli udělat velkou výstavu. Šel jsem za Capou, a víte, co on mi řekl? Že by se to nehodilo, že by to nebylo politicky únosné, protože by to urazilo Sovětský svaz, který tam právě všechny ty krásné objekty Krčilových fotografií rozstřílel na cimprcampr!"*[10] Své afghánské fotografie, zařazené do cyklu s názvem *Herát –brána časů*, tak Krčil vystavil teprve v roce 1986 v 7A Cafe Gallery v East Village, a tehdy mu také vyšla malá reportáž na toto téma v časopisu Downtown s komentářem ředitelky afghánského centra v New Yorku Rosanne Klass.[11] Jeho rozhořčení nad situací v obou zemích i nad pasivní americkou politikou vůči dění v Afghánistánu jej mimo jiné přivedlo ke spoluuspořádání demonstrace ke Dni potlačených národů v listopadu 1989, organizované především na podporu Československa a Afghánistánu.

Domov bohů

„Hory, vrcholky, jezera, studánky, řeky a vodopády, všechny stromy, rostliny a kameny jsou obývány početnými duchy, démony, bohy a bohyněmi... Každý z nich vyjadřuje svým způsobem a formou určitou vlastnost či charakteristiku daného hmotného jevu... Božstva Nág jsou ta, jež jsou uctívána v této části Himalájí nejdelší dobu. Podle pověsti na sebe berou podobu hada, což jim umožňuje plížit se skrze horské podzemní toky a vynořit se ve studánkách. Nejstrašlivější z místních bohů jsou duchové vládnoucí bouřím – ‚Bakshasa'...*"*[12]

Své výjimečné místo má v Krčilově díle jeho jediný známý cyklus barevných fotografií, pořízený během jeho třetí cesty do severní Indie v červnu 1979. Na této cestě navštívil fotograf část podhůří Himaláje, podle místní tradice nazývanou Domov bohů. Při té příležitosti vznikla dosud nevydaná kniha fotografií a textů s názvem *Hašiš v Domově bohů*, která zachycuje život obyvatel himalájských vesnic s – podle Krčila – *„nejstarší existující hašišovou kulturou světa“*.[13] Krčila zcela uchvátila představa vysněného „ráje na zemi“, v němž síla tradic (a v době Krčilova pobytu stále ještě téměř dokonalá izolace od vnějšího světa) umožňovala přežívat způsobem života po staletí nedotčeného civilizací, ráje opředeného nespočetným množstvím legend a příběhů o božstvech a tajemných silách všemocné přírody. Některé z nich se Bohumil Krčil pokusil zaznamenat ve své knize.

Manhattan

Do Spojených států se Bohumil Krčil vydal v roce 1980 s tříměsíčním vízem a s úmyslem navštívit přátele a prohlédnout si New York. Neodvažoval se příliš spekulovat o možnosti realizovat zde nějaké fotografické zakázky, když však taková nabídka přišla, rád se jí hned chopil a pobyt si prodloužil. New York Krčila okamžitě pohltil, i když se vize podstatnějšího výdělku v průběhu několika let obtížného protloukání na hraně ilegality a živoření postupně rozplývala. Jen během prvních šesti let pobytu v New Yorku vystřídal dvaatřicet adres, dokud nenašel levné ubytování v podkrovním bytě v Allen Street ve staré židovské čtvrti Lower East Side. Opět se jednalo o jakési rozhraní světů, prostředí s atmosférou pestré periferie, kde byli usazeni především chudí přistěhovalci a prostitutky. Od roku 1981 opakovaně žádal americké úřady o udělení občanství. Prostředky k obživě získával pouze příležitostným prodejem svých zvětšenin. Díky pomoci několika přátel[14] se mu podařilo nejen ve zdraví přežít těžké začátky, ale částečně i realizovat některé své fotografické a vydavatelské plány. Ve čtvrtém roce svého amerického pobytu pak přišel na zásadní řešení své finanční situace: začal prodávat své fotografie na ulici, což se kupodivu ukázalo být nejvýnosnější z jeho činností. Pro Krčilovu komunikativní povahu měl navíc kontakt s lidmi zajímajícími se o náměty jeho fotografií velký půvab sám o sobě. V každém případě spojil Bob Krčil s New Yorkem většinu svých existenčních i uměleckých aktivit a neopustil jej ani po roce 1989, neboť ani v tomto roce stále ještě neměl americké státní občanství a hrozilo, že by se zpět, do svého nového domova, již nemohl vrátit.

Svou reflexi města, odehrávající se na rovině hlubokého osobního souznění, zprostředkoval Krčil ve svých samizdatových publikacích, kde jeho manhattanské fotografie tvoří pozadí dokumentům o osobách, jejichž život byl s New Yorkem spjatý podobně jako jeho vlastní. V rozhovoru pořízeném na sklonku života rozvedl Krčil svůj záměr uzavřít konvolut snímků z Manhattanu do cyklu soustředěně vypovídajícího o městě, které jej oslovilo svou ryzí estetičností a bohatstvím vizuálních paradoxů. V newyorských fotografiích Bob Krčil obzvláště usiloval o vyváženost a ucelenost kompozice. Pomocí světla a stínu, často využívaných náznaků zrcadlení nebo zaclonění části obrazu kouřem (snímek *Sníh a pára nad Madison Avenue*) dosahoval složitě strukturovaných obrazových celků. Každá fotografie zde působí sama o sobě, v jakékoli z nich nalezneme náznak monumentality i skrytý detail, každá v poetické zkratce vypovídá příběh celého města. Jedním z nejlepších příkladů této komplexnosti je scéna s invalidou na vozíku a limuzínou před Guggenheimovým muzeem. Pozadí této zajímavé kompozice s ikonickými newyorskými motivy tvoří robustní, architektonicky strohá budova muzea, snově odlehčená třepotajícími se skvrnkami letících holubů.

Z amerického období pochází i jedna z mála významných zakázek, které Bob Krčil realizoval: série černobílých portrétů pro celoamerickou kampaň *Say No to Drugs*, jež měla za cíl odradit mladé lidi od konzumace drog a alkoholu. Také tento soubor má všechny Krčilovy osobité tvůrčí znaky: černobílý dokumentární portrét fotografovaný na kinofilm, frontálně, maximálně civilně, bez náznaku aranžování, zároveň však s charakteristickou mírou souznění s fotografovanou osobou, která je i zde, v komerčně motivovaných fotografiích, přítomna velmi silně. Je ironií osudu, že tyto fotografie, ač jde pravděpodobně o Krčilovo dílo široké veřejnosti nejznámější, nejsou s jeho jménem vůbec spojovány.

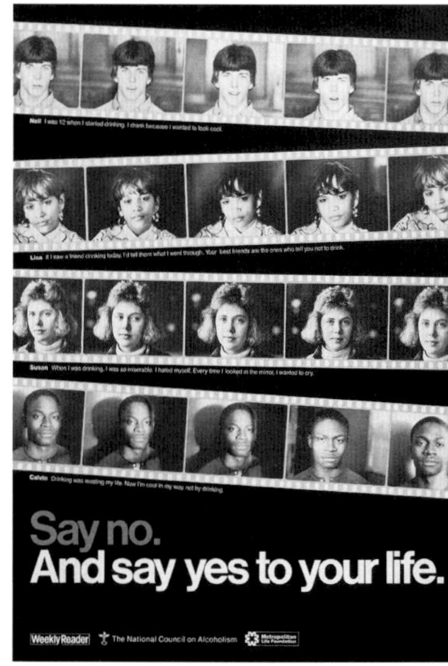

Plakát z cyklu Say No to Drugs

Vydavatel

Přes mimořádnou míru osobní nezávislosti pociťoval Krčil vždy velkou sounáležitost s ostatními, a to nejen v rovině ideální – jako v případě Afghánistánu nebo totalitního Československa. Jeho zájem vycházel vždy z přímého kontaktu s konkrétními lidmi a byl motivován silným osobním zaujetím. Možná právě kvůli situacím, v nichž se na svých samostatných cestách ocitl, si Bob Krčil intenzívně sjejich osudy a tvorbou často nadlouho převážilo nad vlastními tvůrčími zájmy.

Tak již koncem sedmdesátých let, bezprostředně po dokončení studií, sám finančně nezajištěný a bez stálé adresy, začal shromaždovat materiály ke svému prvnímu editorskému počinu v oblasti mapování české exilové kultury. S vynaložením obrovského úsilí, spočívajícího v několikaletém pátrání po českých fotografech, roztroušených za hranicemi své země po celém světě, a následném korespondenčním shromažďování materiálů, se Krčilovi podařilo uspořádat katalog *Česká fotografie v exilu*. Zpočátku nadějné pokusy o vydání knihy i uspořádání související výstavy v Americe však ztroskotaly a Krčilova mnohaletá práce skončila nadlouho v šuplíku. Neočekávaný neúspěch zasadil první velkou ránu Bobovu idealismu. Teprve po dlouhých sedmi letech a na jiném kontinentu došla Krčilova idea naplnění, když se po roce 1989 podařilo Kateřině Klaricové uspořádat z Krčilových materiálů výstavu a vydat knihu v Čechách.

Další Krčilovou rozsáhlou aktivitou bylo vydání čtyřsetstránkového samizdatového sborníku *Sebráno v New Yorku* 1987, v němž se pokusil zmapovat českou exilovou kulturní scénu ve Spojených Státech, zejména v New Yorku, formou rozhovorů, medailonů, krátkých textů či dopisů nebo reprodukcí děl široké škály osobností různých generací i oborů. Přispěli do něj kromě jiných i hudebníci Ivan Král a Erno Šedivý, výtvarník Petr Sís nebo Krčilovi kolegové a přátelé fotografové Jan Lukas a Alexandr Hackenschmied. Krčilův autorský počin spočíval, stejně jako u většiny jeho publikací, nejen v psaní osobních medailonů a v editorských pracích, ale i v grafickém zpracování, vytvoření doprovodných fotografií, vlastnoručním přepisu a zhotovení několika desítek xerokopií na vlastní náklady.

Vydání zmíněného sborníku české exilové kultury v New Yorku bylo zpočátku také vedeno snahou o obnovení kulturního využití chátrající České národní budovy. Tento objekt, postavený před více než stoletím na pozemku zakoupeném česko-americkými spolky, byl v době Krčilova působení v New

Yorku uzavřený, pustl a byl dokonce částečně rozprodáván frakcí exulantů, která aktivity české komunity v New Yorku zcela evidentně sabotovala. Jedním z cílů sborníku bylo proto mimo jiné dokázat, že se v New Yorku nachází dostatečné množství kulturních osobností, které by prostory České národní budovy rády využily. V této zřetelně politicky zaměřené kauze, jíž věnoval mnoho svého času a úsilí, bohužel neměl Krčil úspěch, sborník však vzbudil velký ohlas nejen mezi českými exulanty ve Spojených státech, ale i v Evropě, kde byl oceňován nejen po stránce obsahové, ale i pro svou zcela originální formu: jako *„dokumenty hodnot, názorů, jazyka a životního stylu určité skupiny (rozuměj: české emigrace) a její doby“*.[15] Po úspěchu prvního dílu začal Bob Krčil pracovat na ještě obsáhlejším druhém dílu sborníku s názvem *Sebráno v New Yorku* 1988–89, na jehož realizaci úzce spolupracoval s Antonínem Kratochvílem, který měl po celá osmdesátá léta v New Yorku ateliér a podporoval Boba Krčila mimo jiné fotografickými zakázkami.

Pro fotografa-dokumentaristu je často důležitá jistá míra angažovanosti, vcítění do zaznamenávané situace, zaujetí problémem, lidským osudem. Jinak může jeho sdělení jen stěží dosáhnout výrazné přesvědčivosti. Bob Krčil všechny tyto premisy beze zbytku splňoval, přesto však nebyl typickým dokumentaristou. V jeho fotografiích *„nikdy nejde o dokument nebo reportáž, nýbrž svědectví o něm samém a o jeho pojetí universa.“*[16]

Krčilova tvorba, zachycující originálním způsobem životy jedinců žijících na okraji společnosti, se od počátku vyznačovala silným sociálním akcentem a mimořádnou schopností empatie. Podobně jako jeho slavnější kolegové a přátelé se srovnatelnými životními osudy Josef Koudelka a Antonín Kratochvíl, také on dokázal bezděčně využít svého postavení vyhnance, člověka bez domova, jež mu ve spojení s vrozenou otevřeností, tolerancí a přátelskou povahou otevíralo dveře do lidských obydlí napříč kontinenty, nehledě na národnost či vyznání.

Jeho tvorba navíc vždy oscilovala mezi vysoce subjektivním dokumentem z cest a portrétem. Spojením obou docílil Bob Krčil specifického útvaru – „cestovního portrétu“, který je pro něj, nejen jako fotografa, ale také jako pro editora a vydavatele zcela jistě nejtypičtějším projevem. Způsob Krčilovy fotografické práce byl prostý, ne však nepoučený, osobitý, ale nikoli determinující: *„...fotograf stojí přímo před svým objektem a nevyhledává složité a umělé záběry, aparát* *sleduje pohled oka. Všechno se děje pouze ve vztahu fotografa a fotografovaného objektu...*“[17] Používal jednookou zrcadlovku s malou škálou objektivů, z těch nejraději širokoúhlé (28mm, 35mm). Nikdy nedělal výřezy, vždy zvětšoval jen celé políčko negativu. Krčilovy fotografie nestojí ani na výrazném autorském stylu či snaze o zachycení co nejefektnějšího snímku. Ke všemu, co fotografoval, ho musel především vázat osobní vztah; nesloužil fotografii, nýbrž fotografie sloužila jemu.

Poznámky

1 Jaroslav Formánek: Proč si vzal s sebou deštník?, *Revolver Revue*, 1997, č. 35.
2 Bohumil „Bob" Krčil, ed. Jaroslav Kyncl, autoři textů: Anna Fárová, Viktor Klouda, Iva Pekárková, *Revue K* (Paříž), 1993, Issue 46–49, s. 5–23.
3 *Česká fotografie v exilu*, ed. Bohumil Krčil, Brno, Host 1990, s. 138.
4 Viz pozn. č. 1.
5 Tamtéž.
6 Viz pozn. č. 3.
7 *Sebráno v New Yorku 1987*, ed. Bohumil Krčil, samizdat, New York 1987, s. 375.
8 Rosanne Klass: Herat, A Proud City, 2500 Years Old, Now Being Destroyed, *Downtown* (New York), 8. 10. 1986, s. 11-A.
9 Bohumil Krčil: Bazén, *Paternoster* (Vídeň), 1983, č. 4 – 1984, č. 5.
10 Viz parafráze filmového záznamu rozhovoru Jaroslava Kyncla s Janem Lukasem z roku 1989 v Archivu českého exilového umění Jaroslava a Míly Kynclových ve Spojených státech.
11 Viz pozn. č. 8.
12 *Hašiš v Domově bohů*, ed. Bohumil Krčil, samizdat, Paříž 1979 – New York 1991, nevydáno.
13 Toto je vlastní tvrzení Bohumila Krčila, tamtéž.
14 V dopisu imigračnímu úřadu z roku 1985 zmiňuje mezi lidmi, kteří ho po jeho příjezdu do New Yorku nejvíce podpořili, zejména dr. Josepha Grosse a pana Williama T. Rafaela, u nichž pobýval v letech 1981–83, kdy pracoval na nevydané samizdatové knize *The Aerial Hooligan*.
15 Viz dopis Milana Zeleného Bobu Krčilovi z 26. 12. 1987 v Krčilově pozůstalosti v archivu Národního muzea v Náprstkově muzeu v Praze.
16 Viz text Anny Fárové, napsaný pro *Revue K*, Issue 46–49, Paříž 1993, který česky vyšel v katalogovém listu k výstavě Bohumila Krčila, Klatovy, Galerie U bílého jednorožce 1994.
17 Tamtéž.

Všechny citace i parafráze Krčilových slov, u nichž není uveden pramen, jsou převzaty z videozáznamů rozhovorů Garryho Griffina (listopad 1989, New York), Jaroslava Kyncla (léto 1991, New York) a Kateřiny Klaricové (květen 1991, New York), uložených v Archivu českého exilového umění Jaroslava a Míly Kynclových ve Spojených státech.

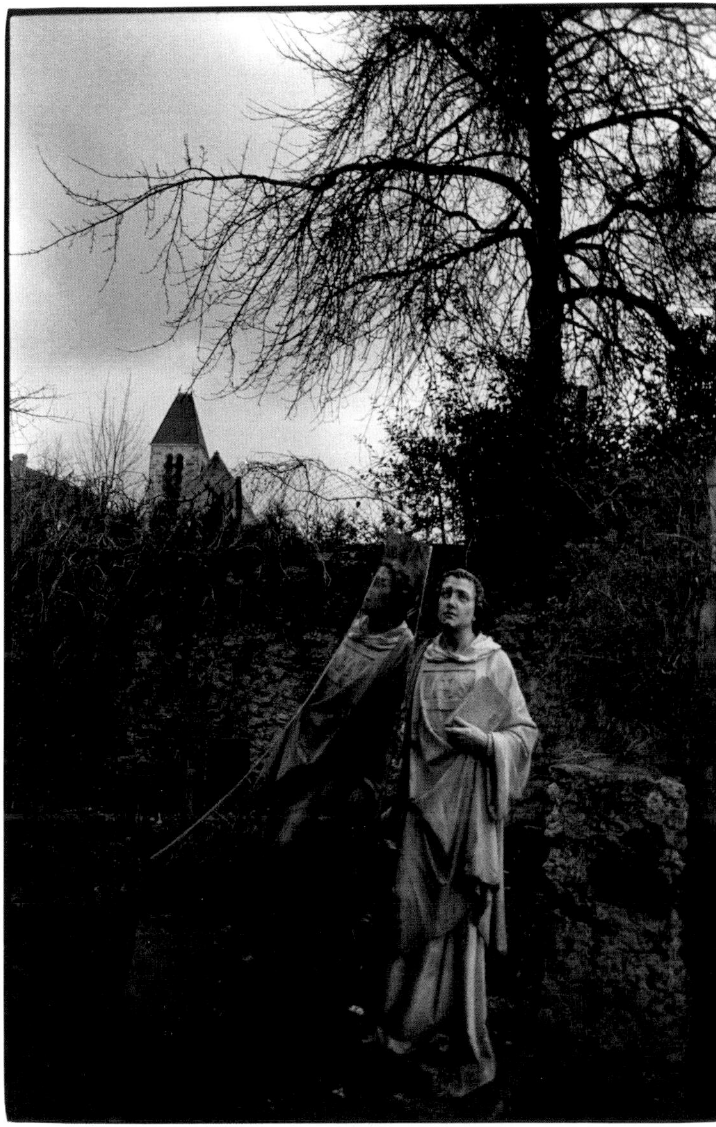

1 **One Joseph Twice / Jeden Josef dvakrát** France / Francie 1975

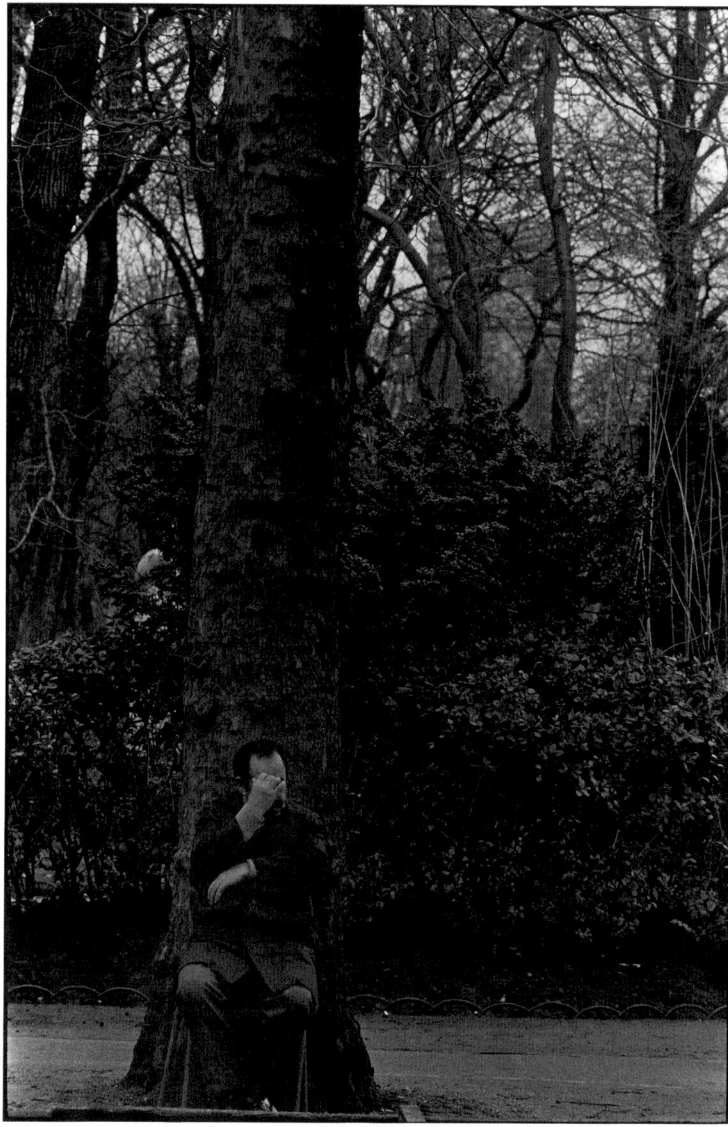

2 **In the Jardin du Luxembourg / V Lucemburských zahradách**
Paris / Paříž 1976

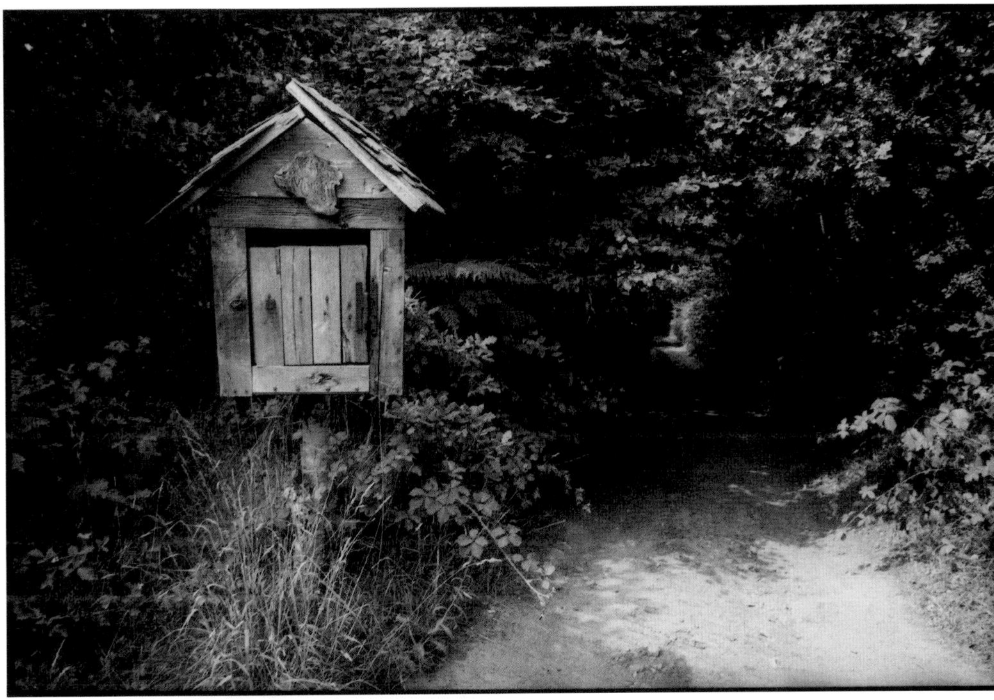

3 **Two Secrets / Dvě tajemství** France / Francie 1976

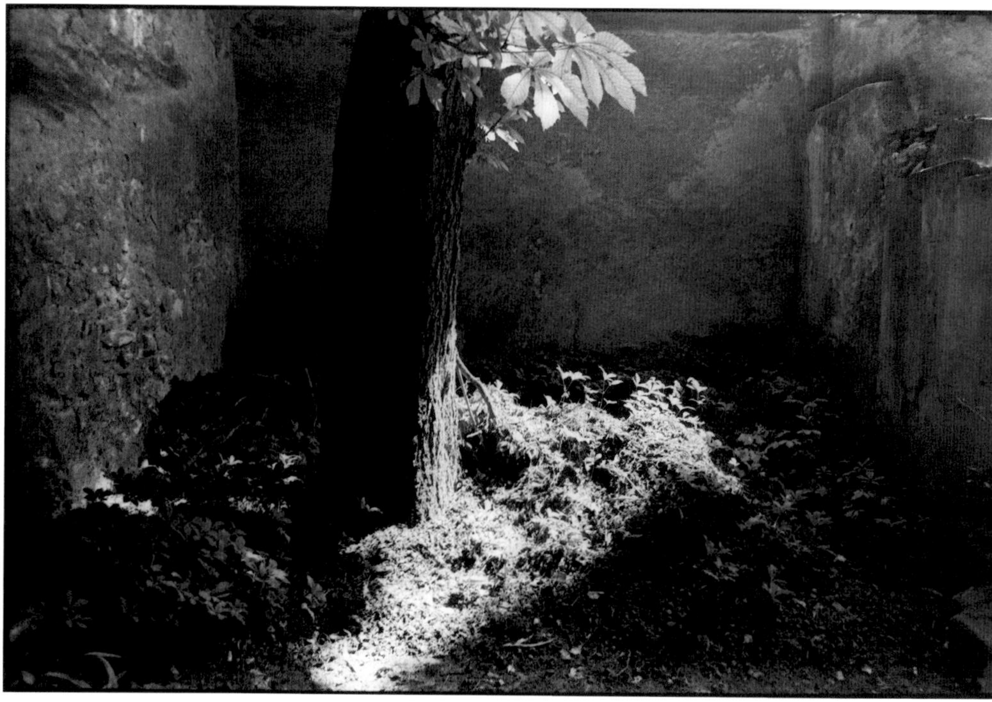

4 **Homage to Josef Sudek / Pocta Josefu Sudkovi** France / Francie 1976

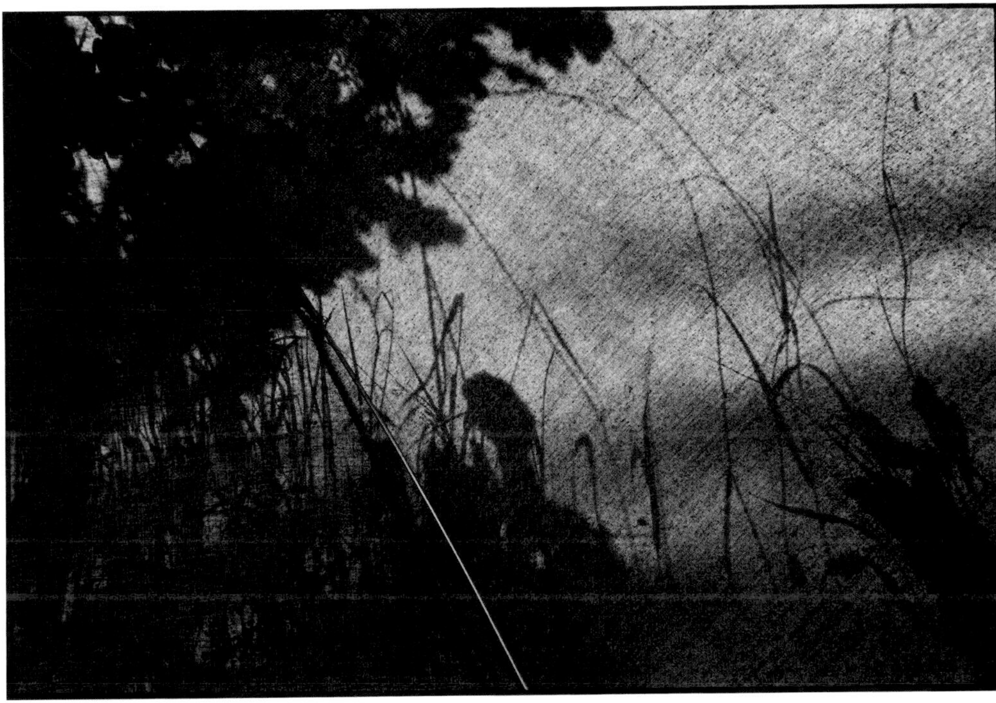

5 **Homage to Bashō, the Poet / Pocta básníkovi Bašó** France / Francie 1977

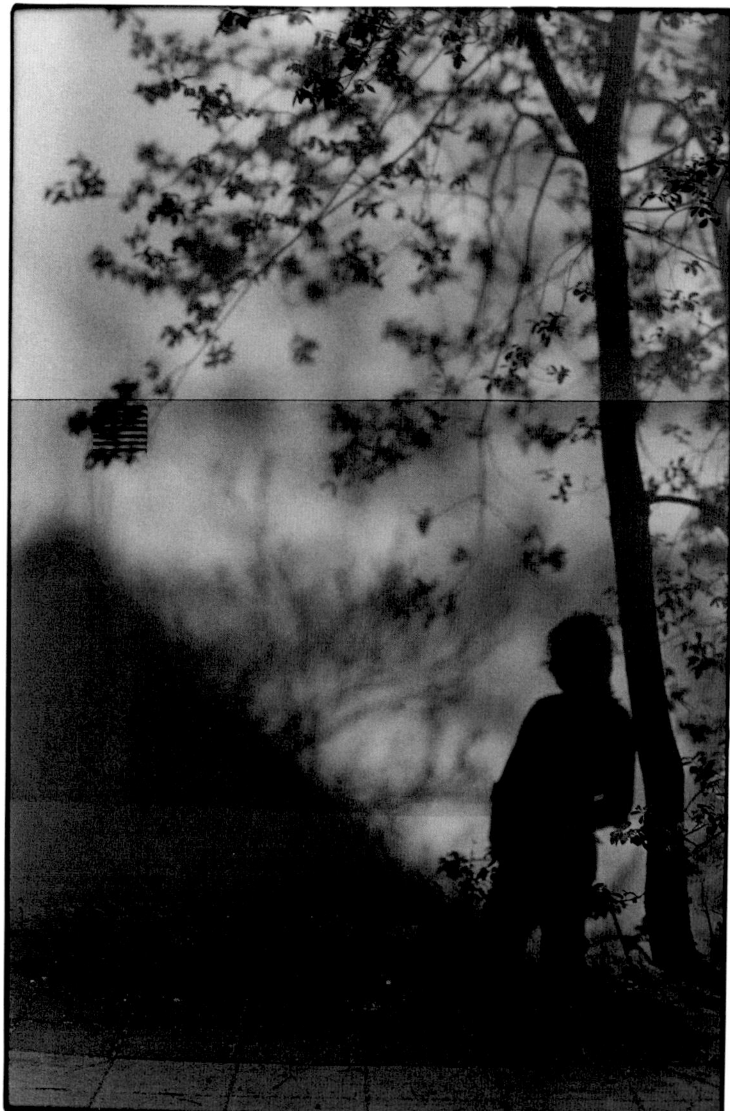

6 **Landscape with Franta Š. on a Wall / Krajina s Frantou Š. na zdi**
Sweden / Švédsko 1978

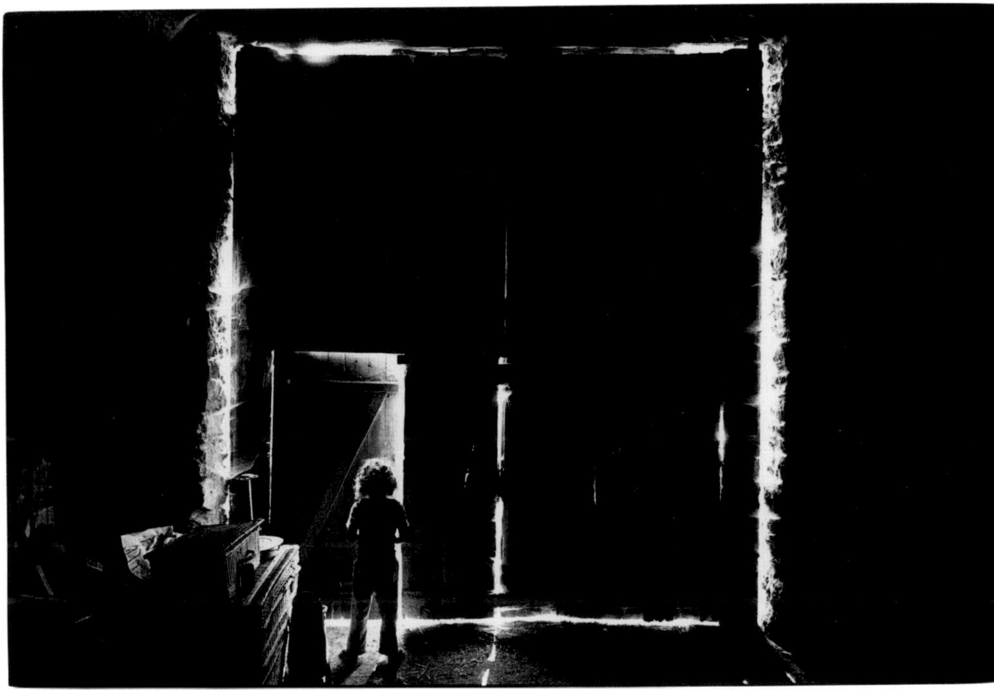

7 **In a Barn with Nova / Nova ve stodole** France / Francie 1976

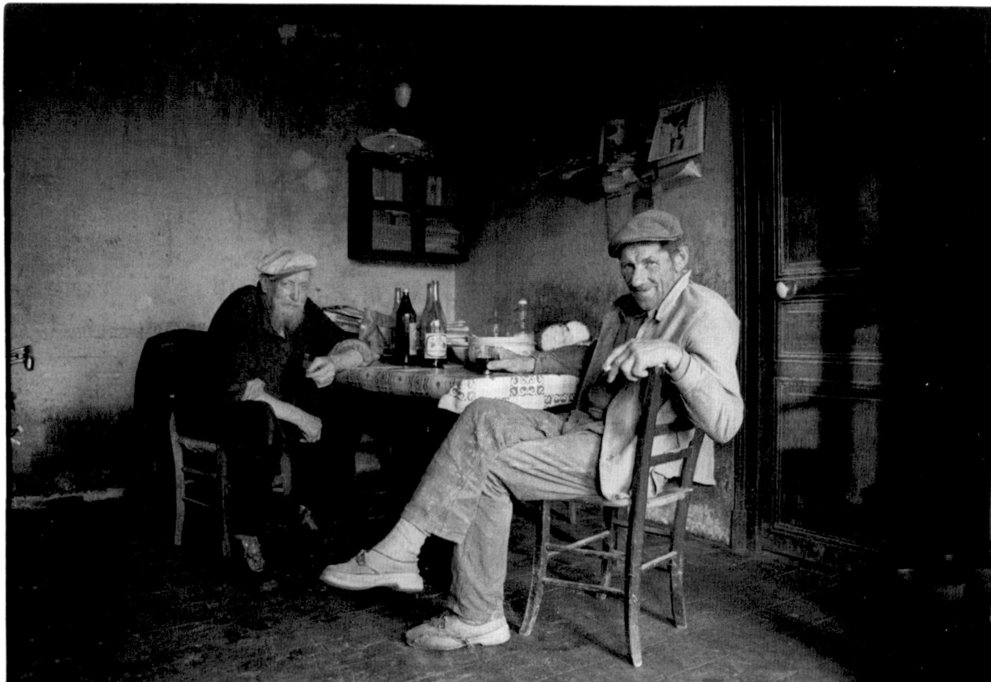

8 **Two Friends / Dva přátelé** France / Francie 1975

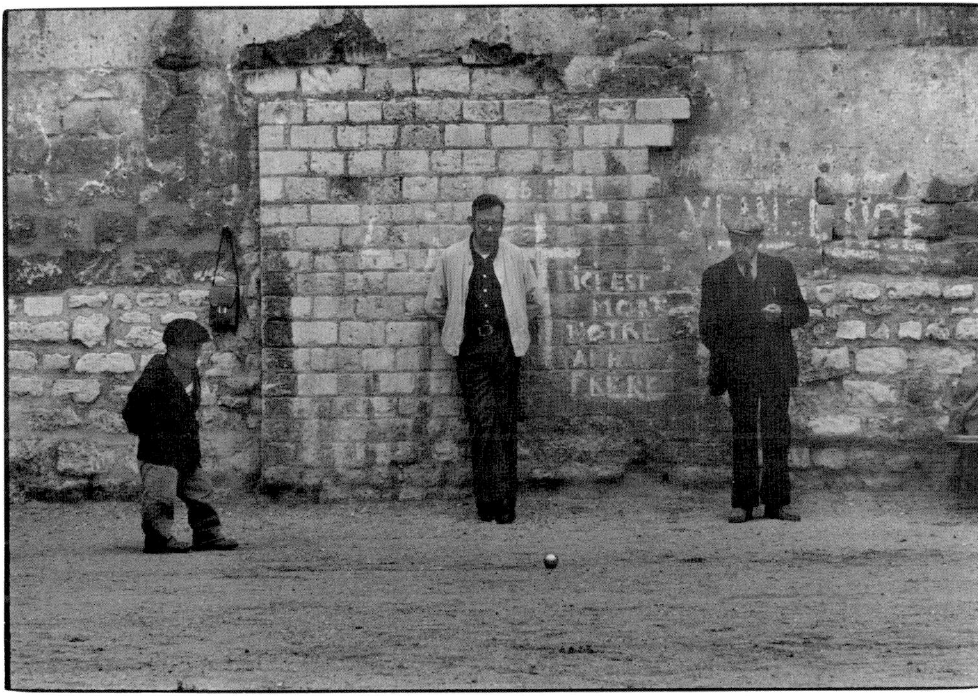

9 **Three and One / Tři a jedna** France / Francie 1976

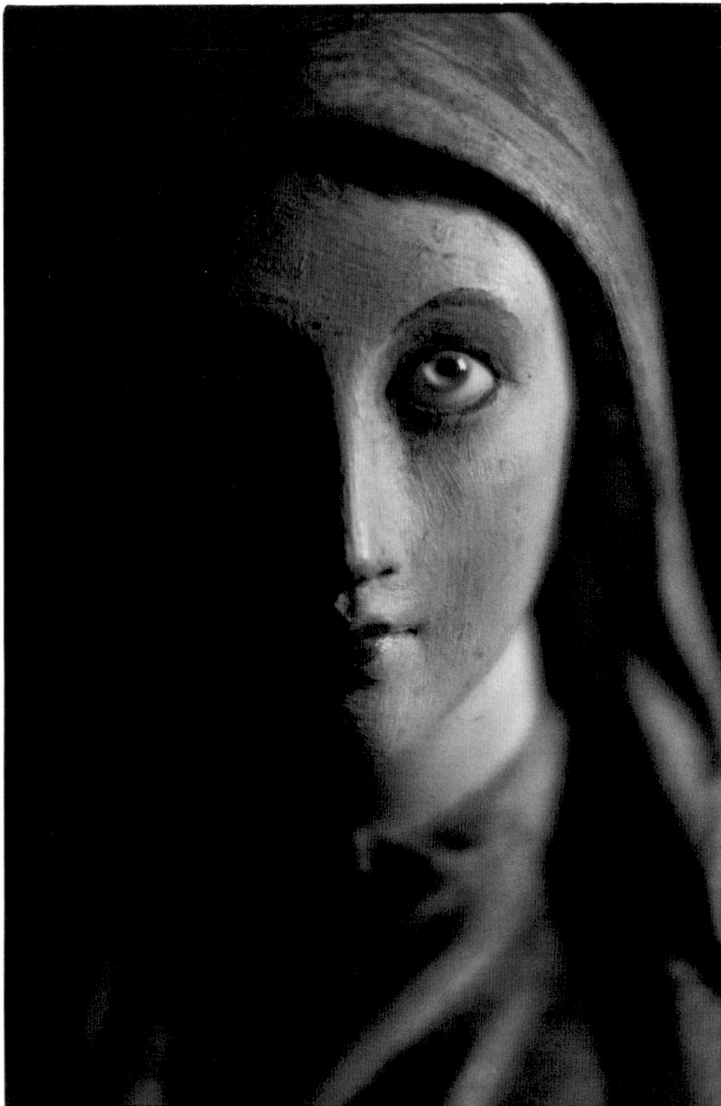

10 **A Certain Mary in Ariège / Jedna Marie v Ariège**
France / Francie 1976

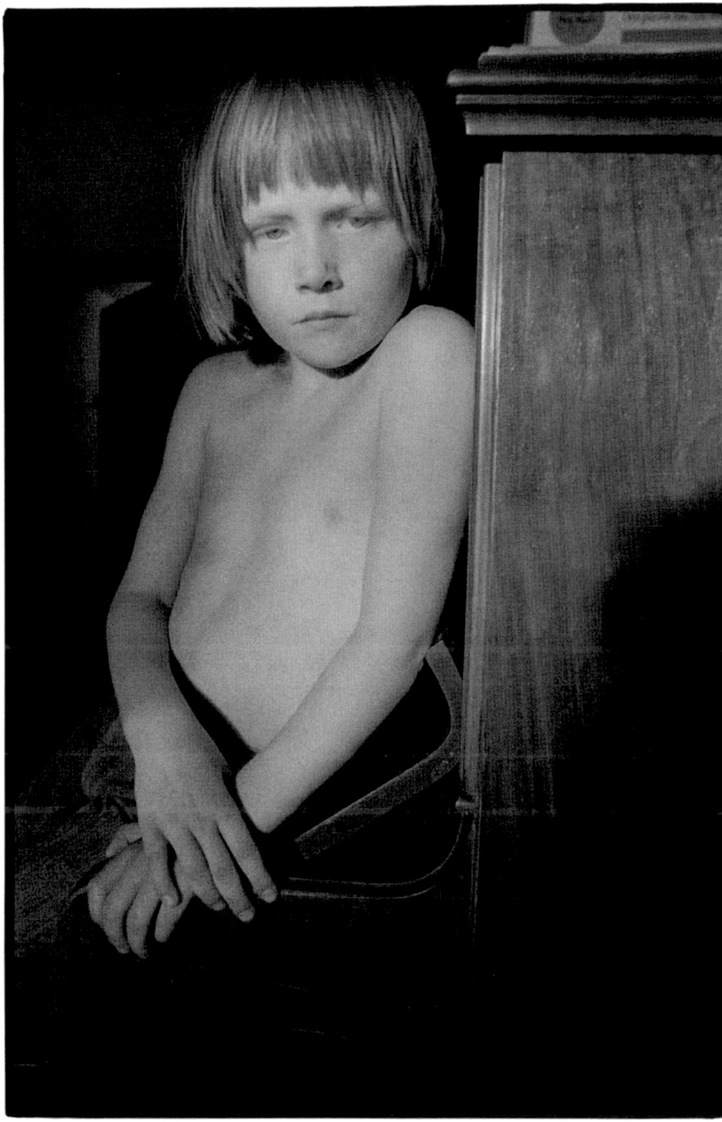

11 **Patrick before Running away / Patrick před útěkem**
England / Anglie 1974

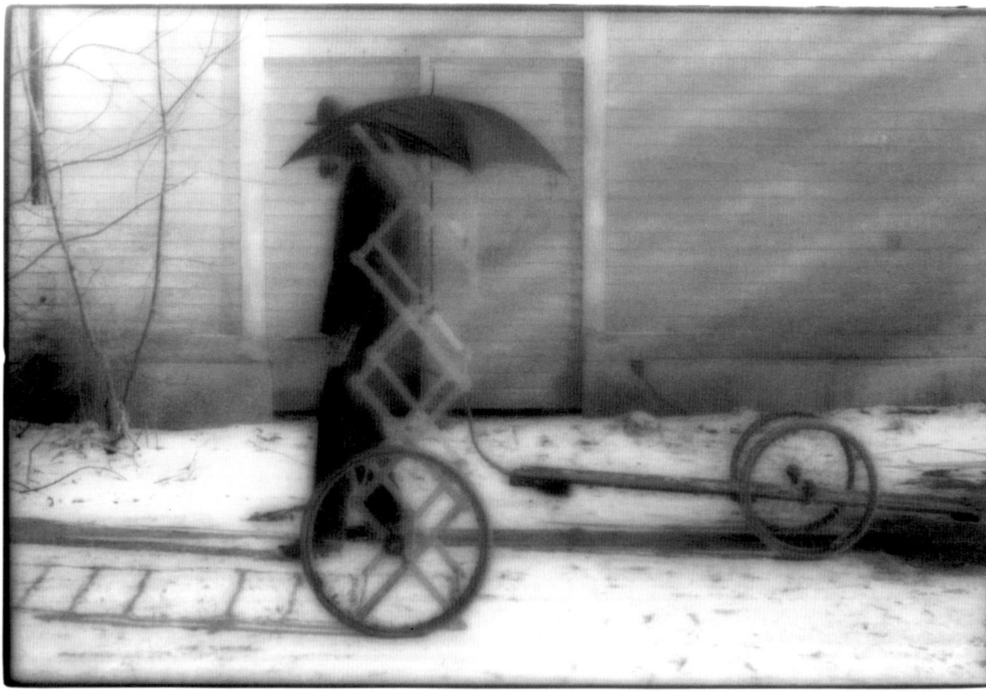

12 **Improvisation in the Snow / Improvizace na sněhu** Sweden / Švédsko 1977

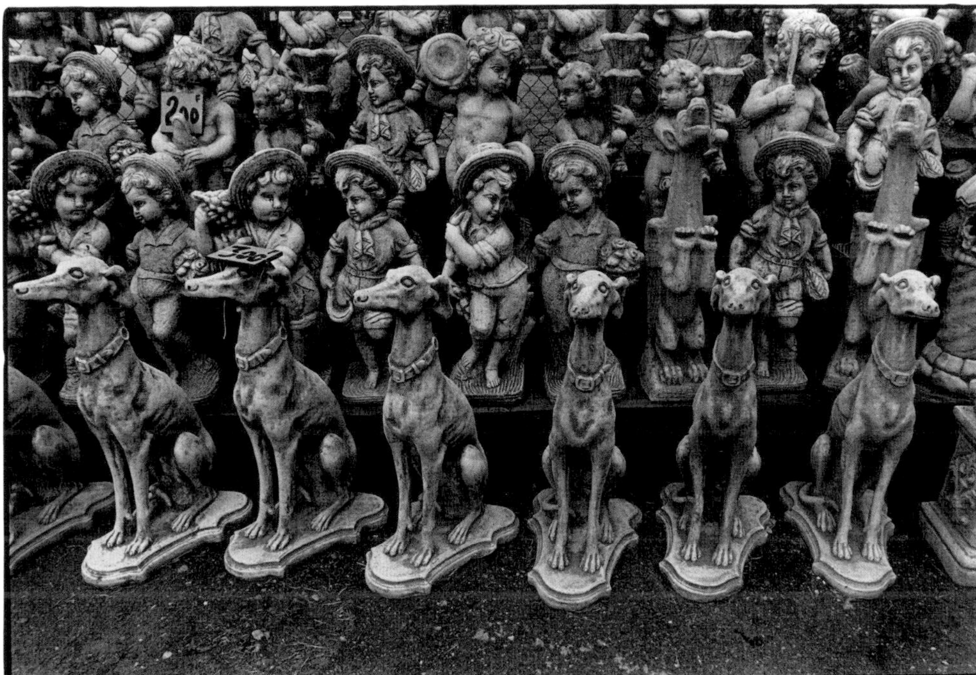

13 **Untitled / Bez názvu** France / Francie 1976

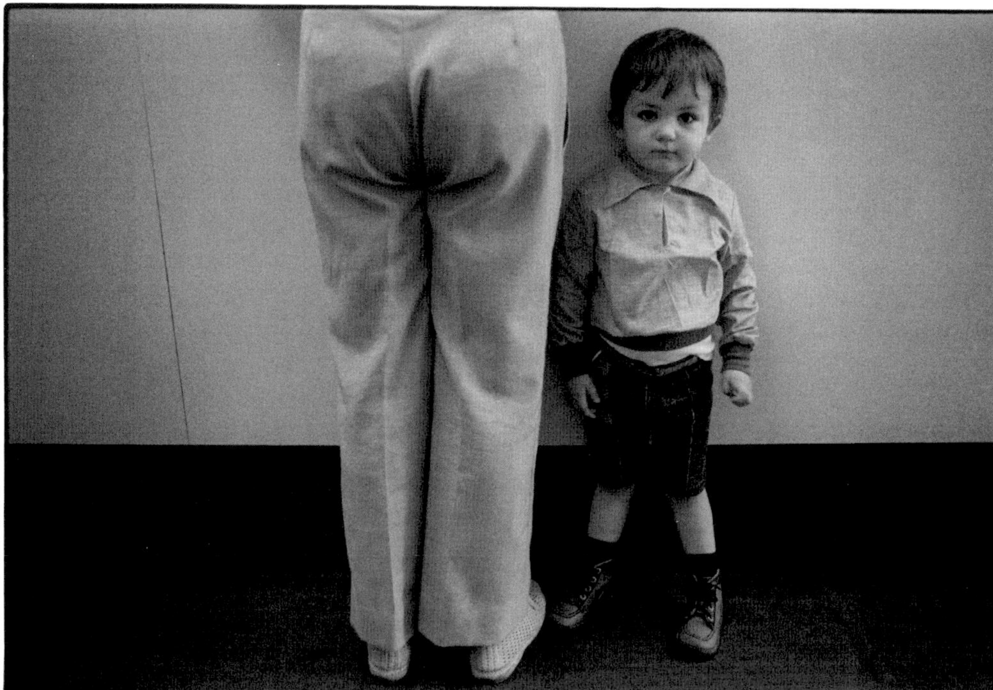

14 **Untitled / Bez názvu** France / Francie 1976

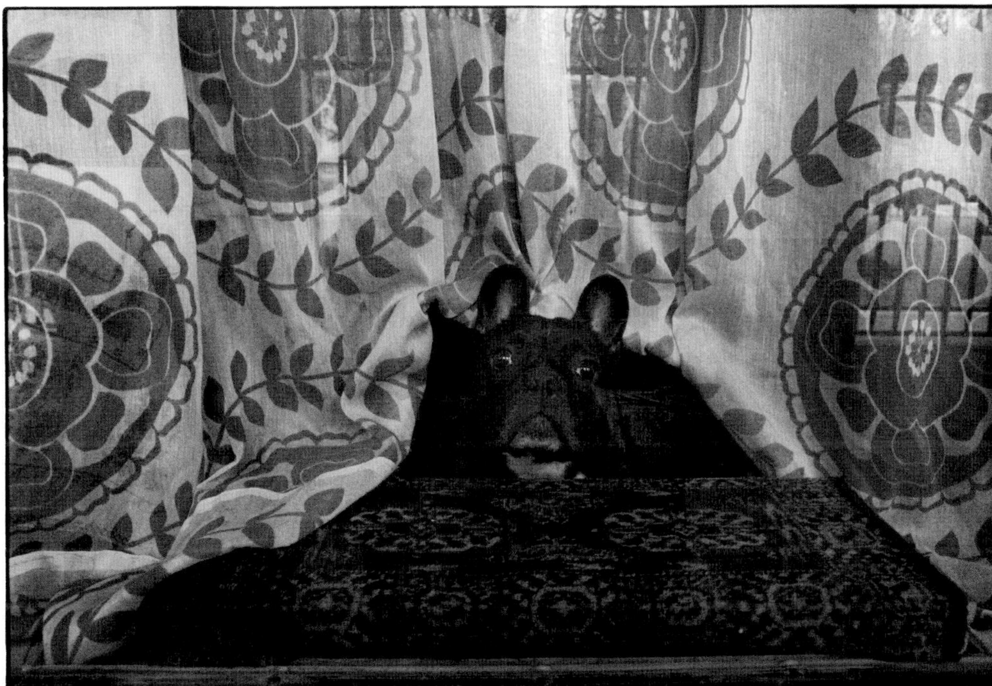

15 **A Dog, One Afternoon / Pes jednoho odpoledne** Paris / Paříž 1977

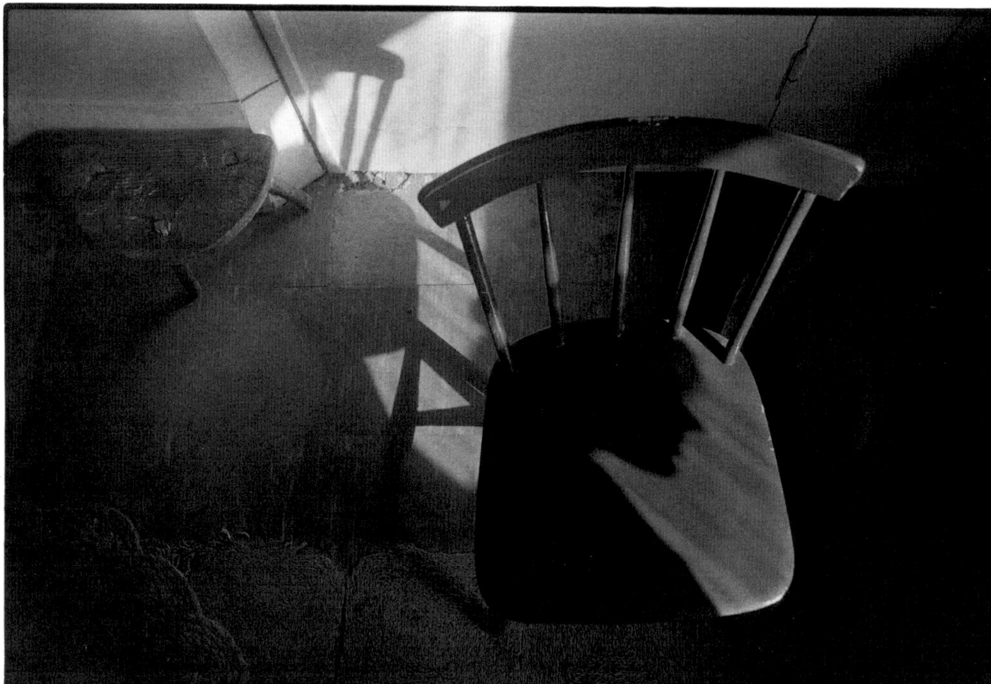

16 **Silent Visitor / Tichá návštěva** Sweden / Švédsko 1977

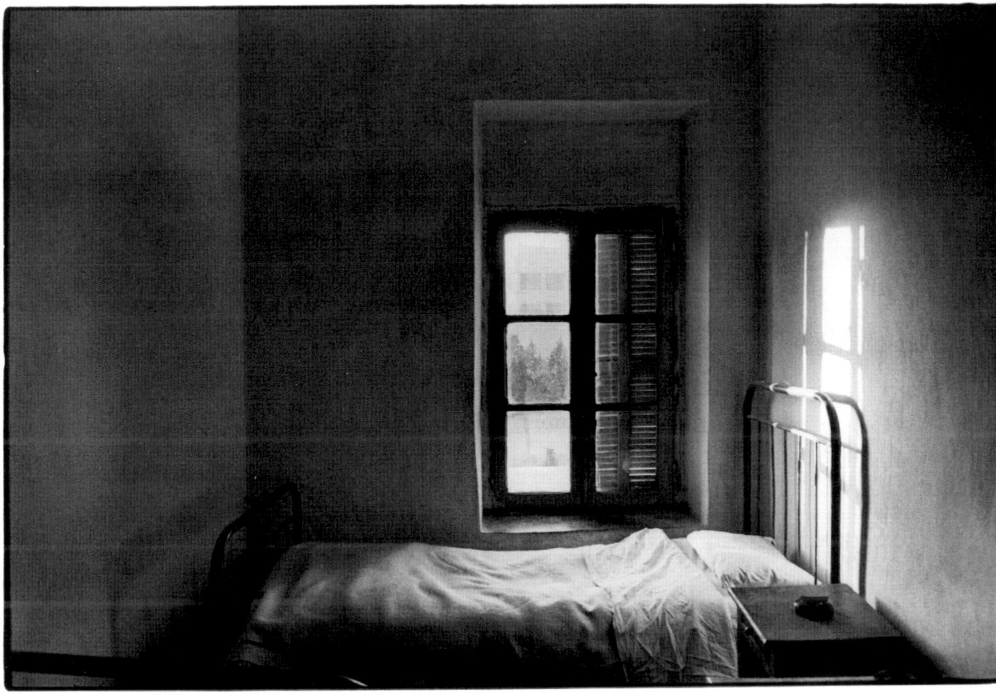

17 **Tunisia / Tunisko** 1976

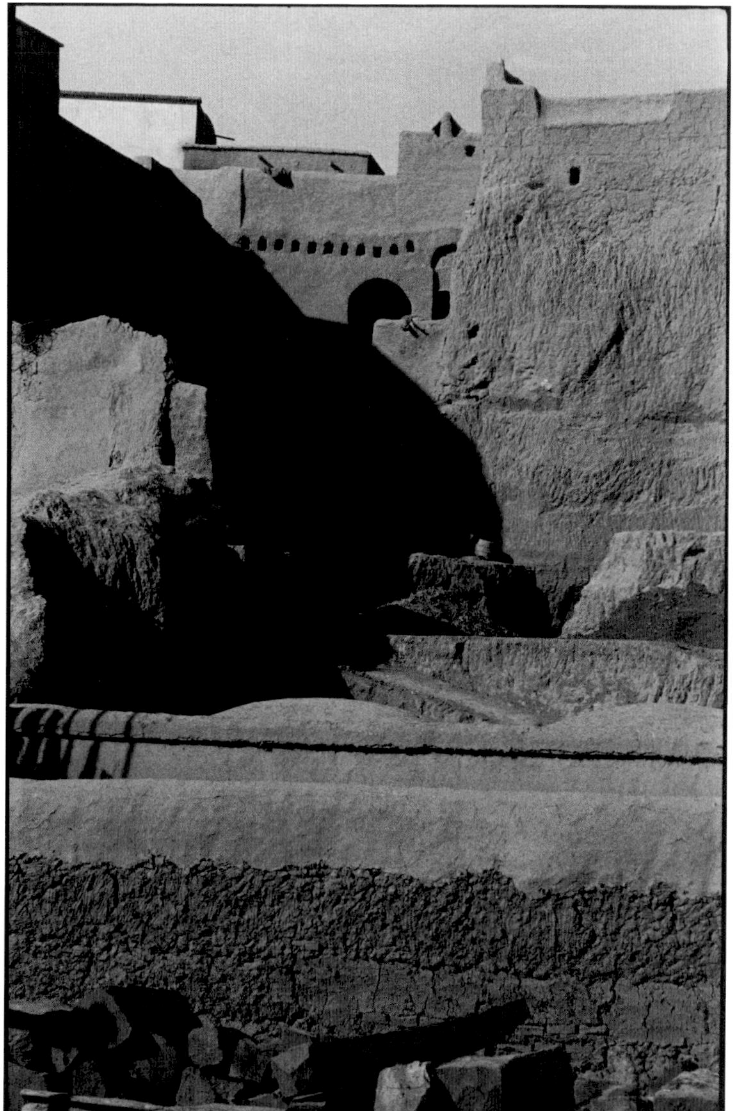

18 **Old Town Walls / Zdi starého města** Herat, Afghanistan 1978

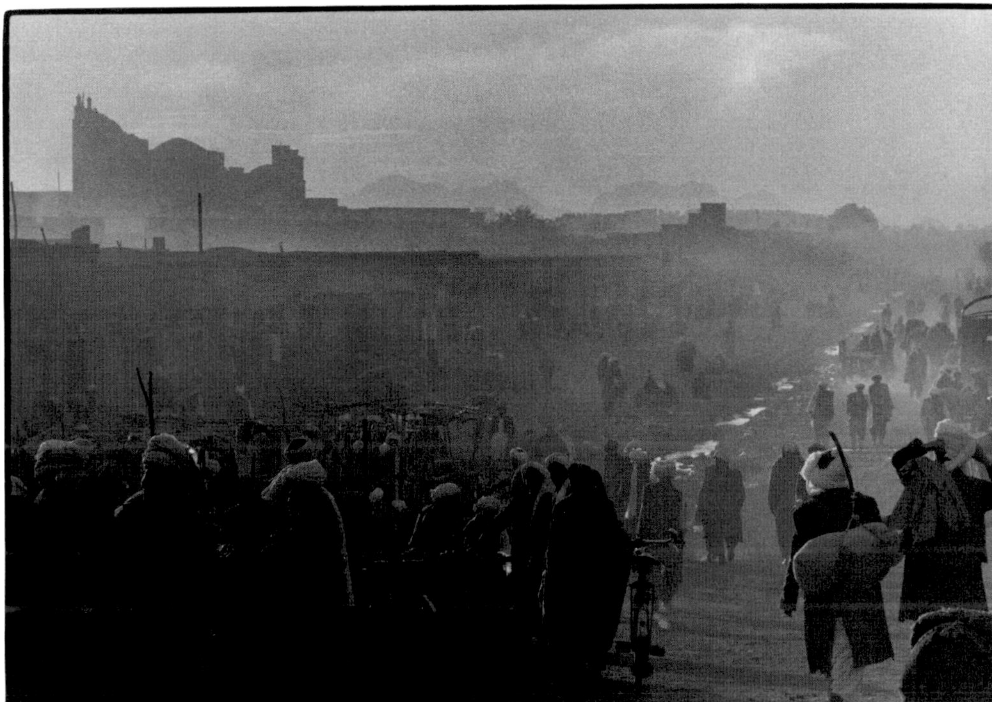

19 **Bazaar, A Few Thousand Years Later / Bazar, pár tisíc let později** Herat, Afghanistan 1978

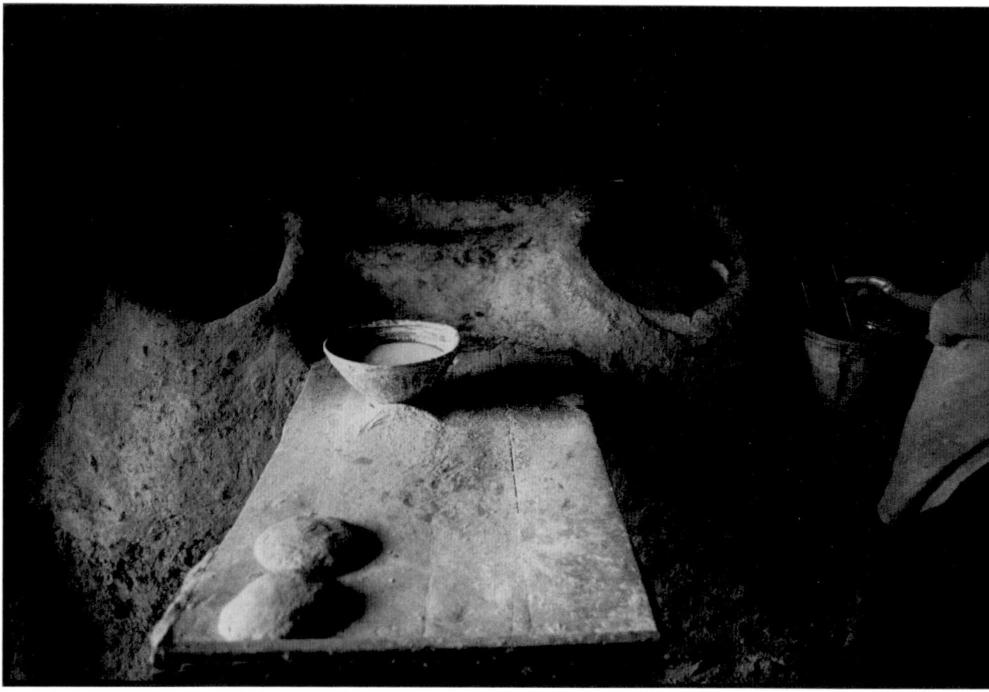

20 **Baker's Oven and Bread / Pekařská pec a chleba** Herat, Afghanistan 1978

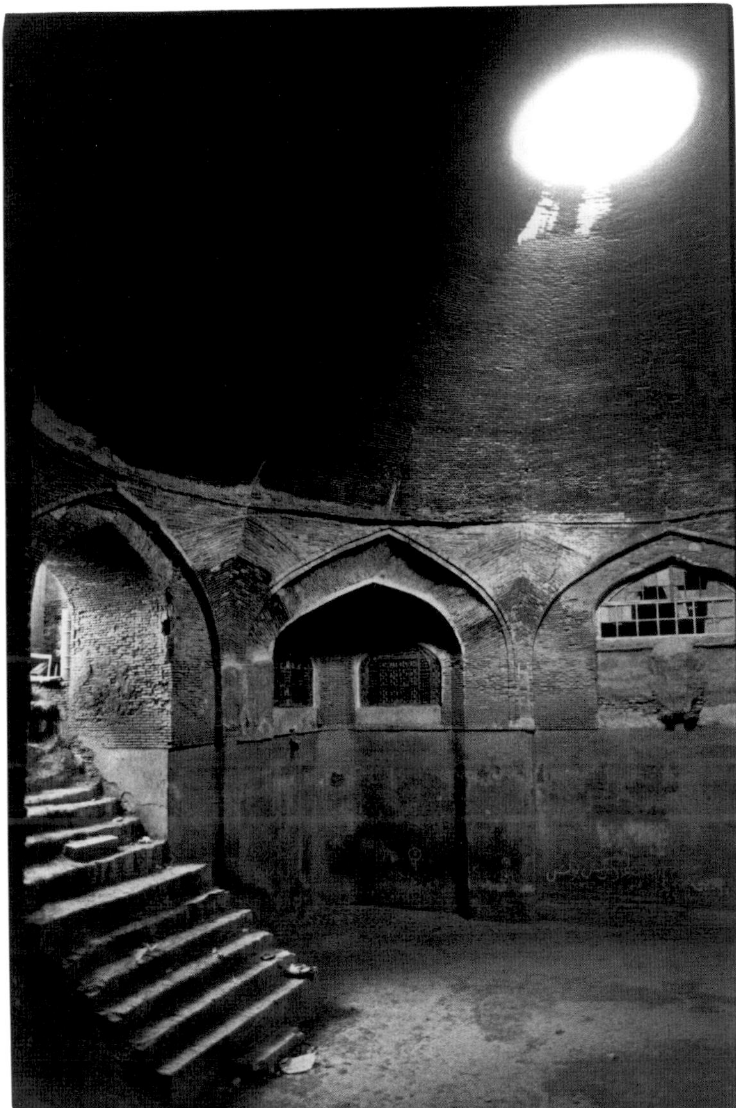

21 **An Old Water Reservoir / Stará cisterna na vodu** Herat, Afghanistan 1978

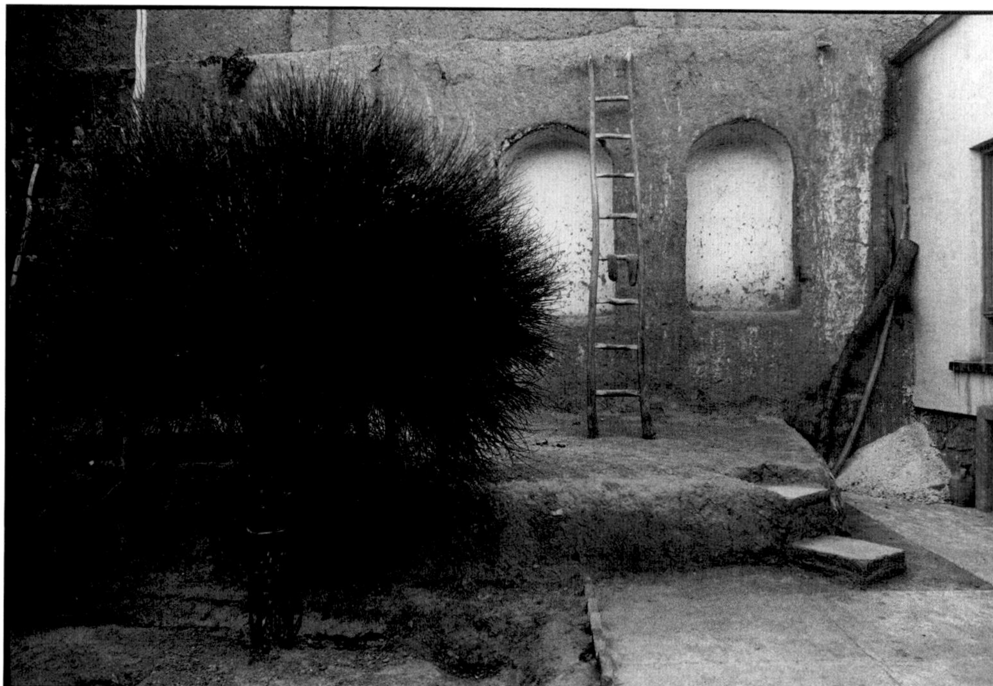

22 **Riddle in the Backyard / Hádanka na dvorku** Herat, Afghanistan 1978

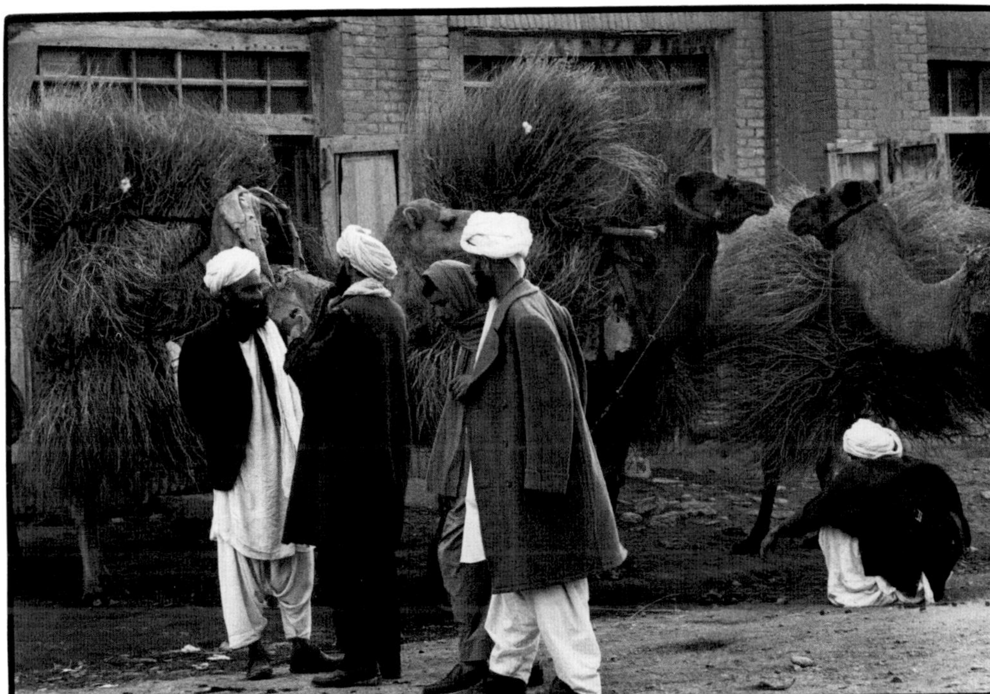

23 **Summing Up the Day / Bilance** Herat, Afghanistan 1978

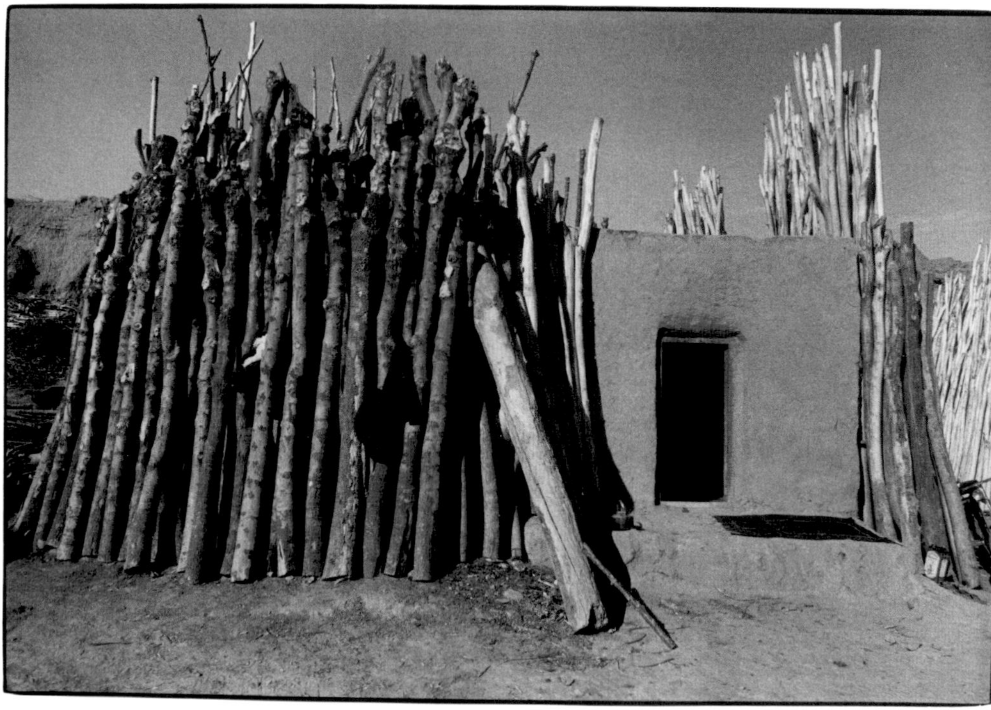

24 **Timber Market / Trh se dřevem** Herat, Afghanistan 1978

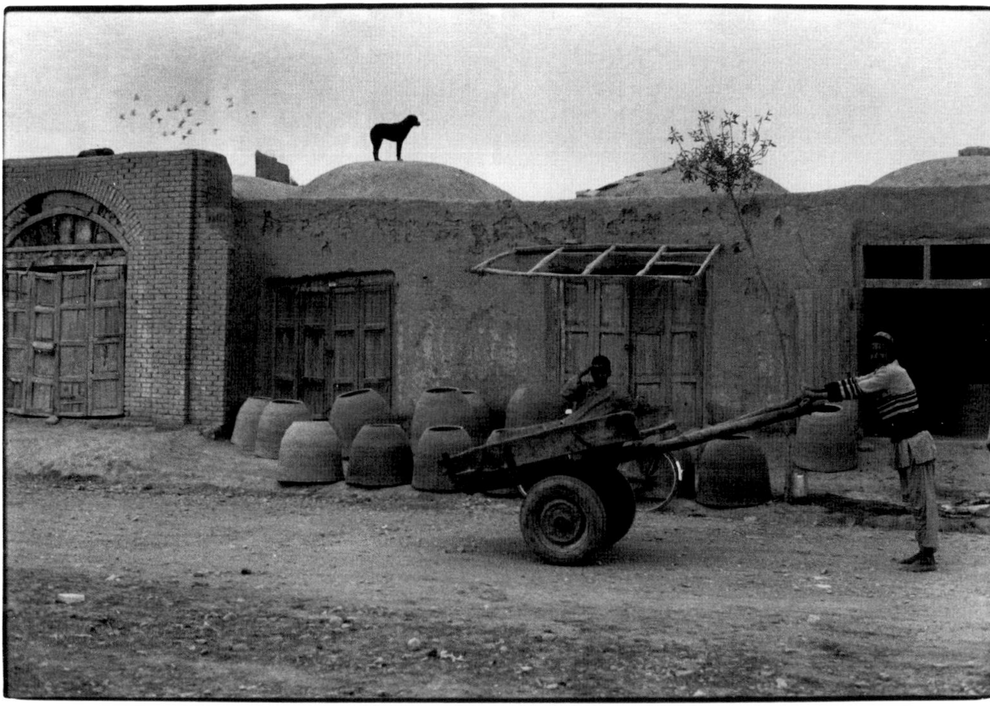

25 **Kiln Makers / Výrobci hrnčířských pecí** Herat, Afghanistan 1978

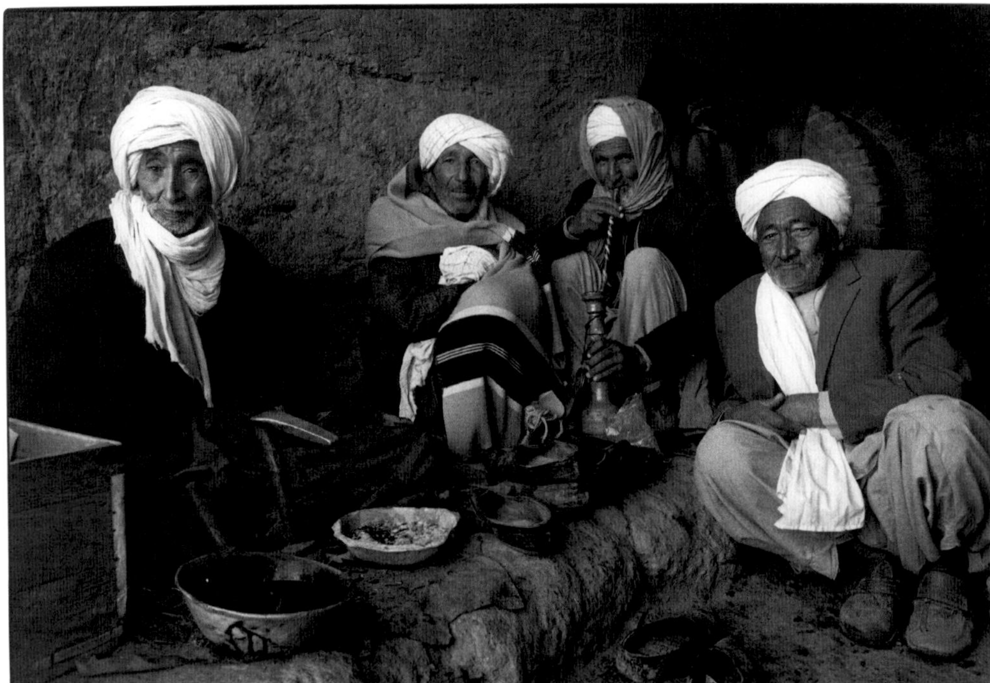

26 **Four Friends in a Passageway / Čtyři přátelé v průchodu** Herat, Afghanistan 1978

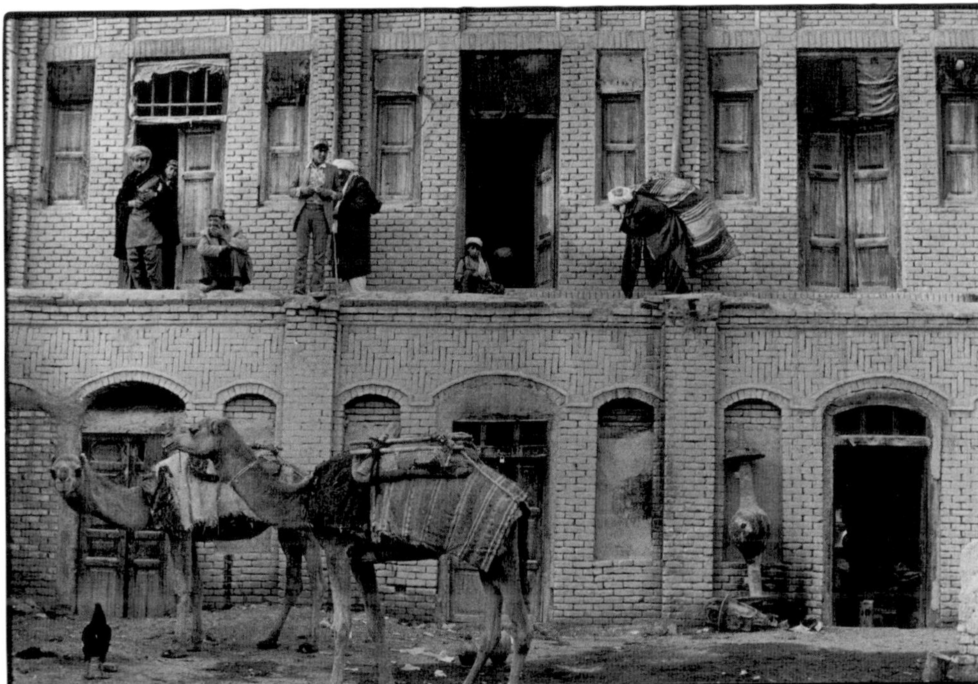

27 **Hotel for Local Travelers / Hotel pro domácí cestovatele** Herat, Afghanistan 1978

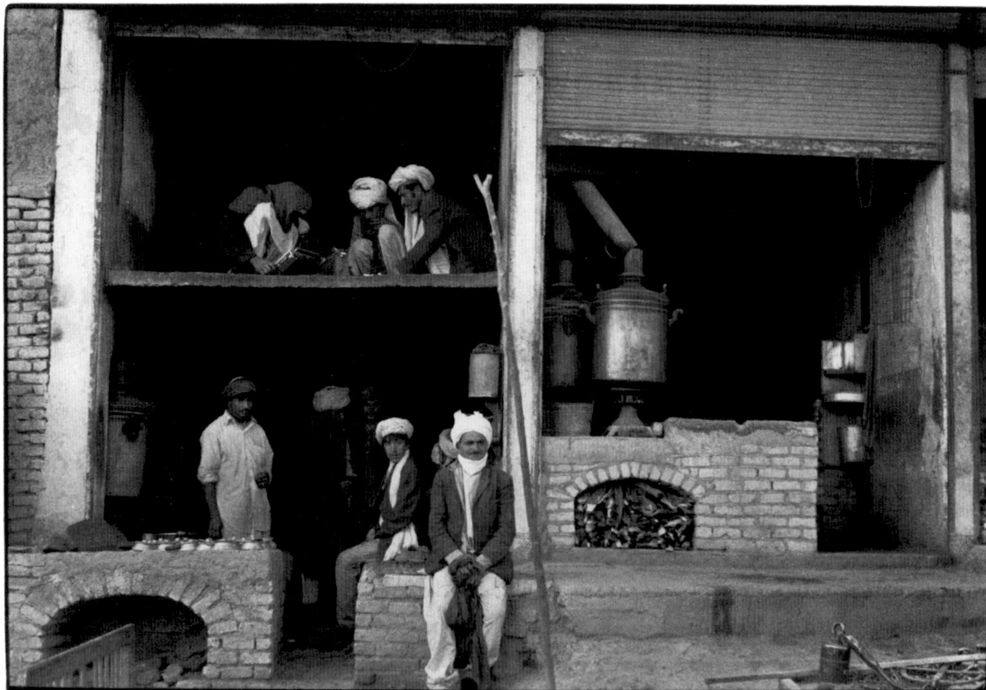

28 **Tea Sellers in the Old Bazaar / Prodejna čaje ve starém bazaru** Herat, Afghanistan 1978

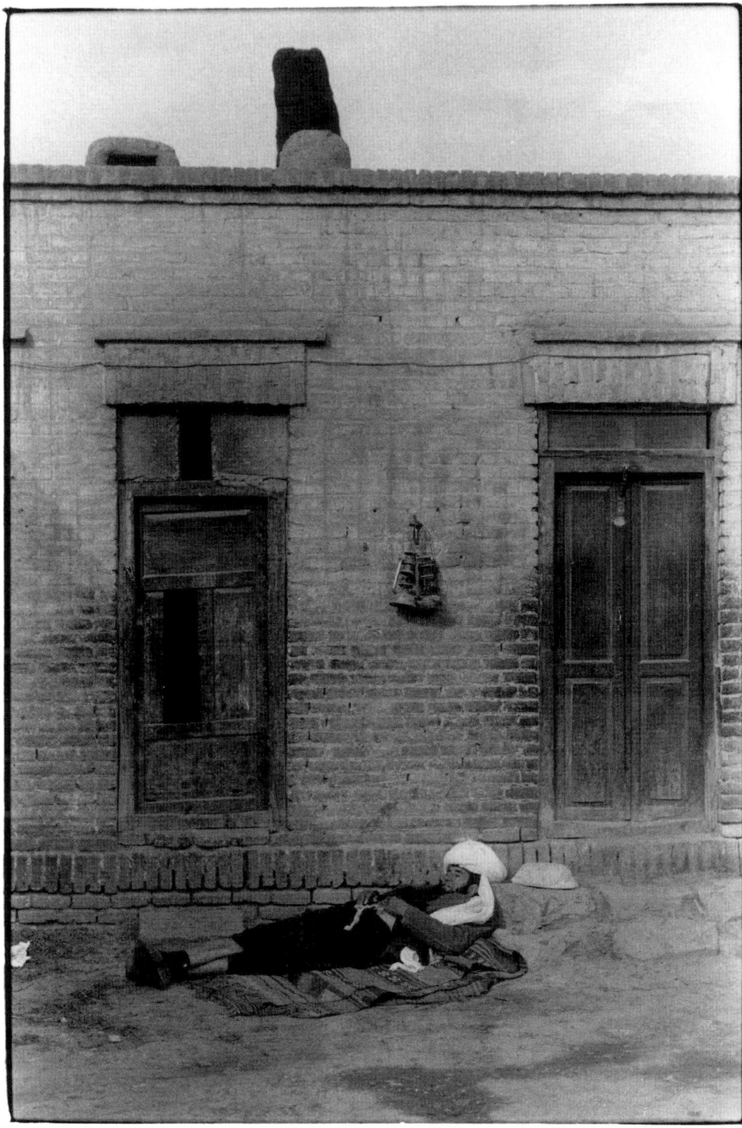

29 **Taking a Break / Přestávka** Herat, Afghanistan 1978

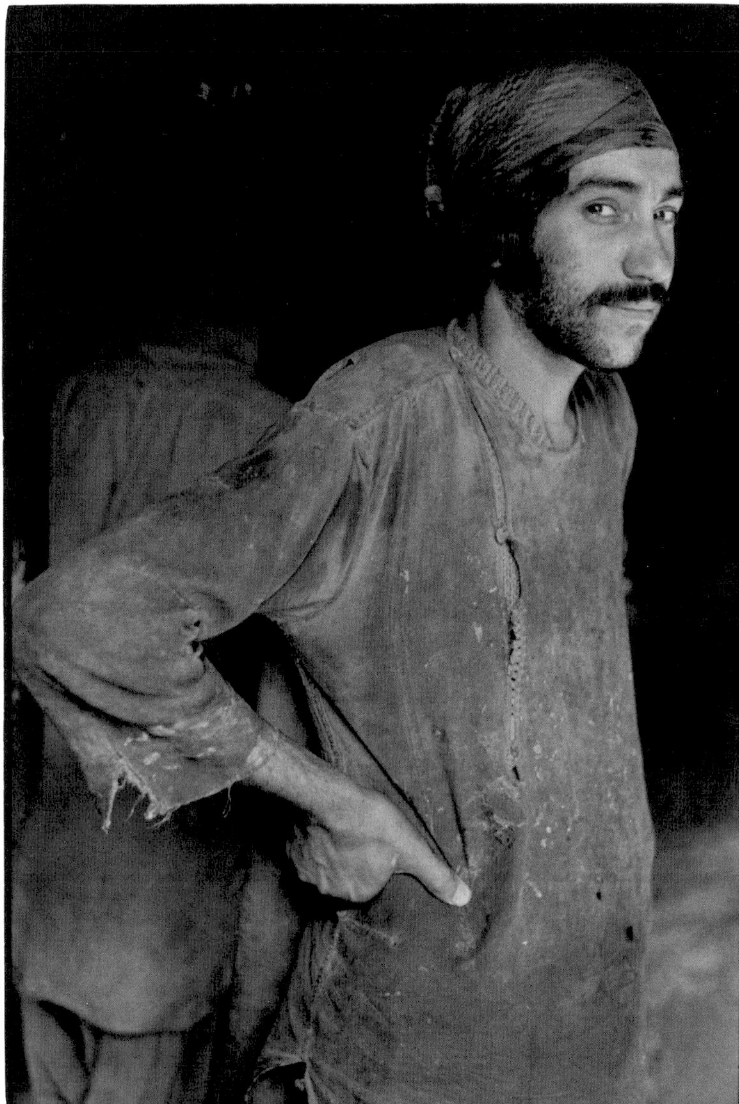

30 **Candyman's Apprentice / Cukrářský učeň** Herat, Afghanistan 1978

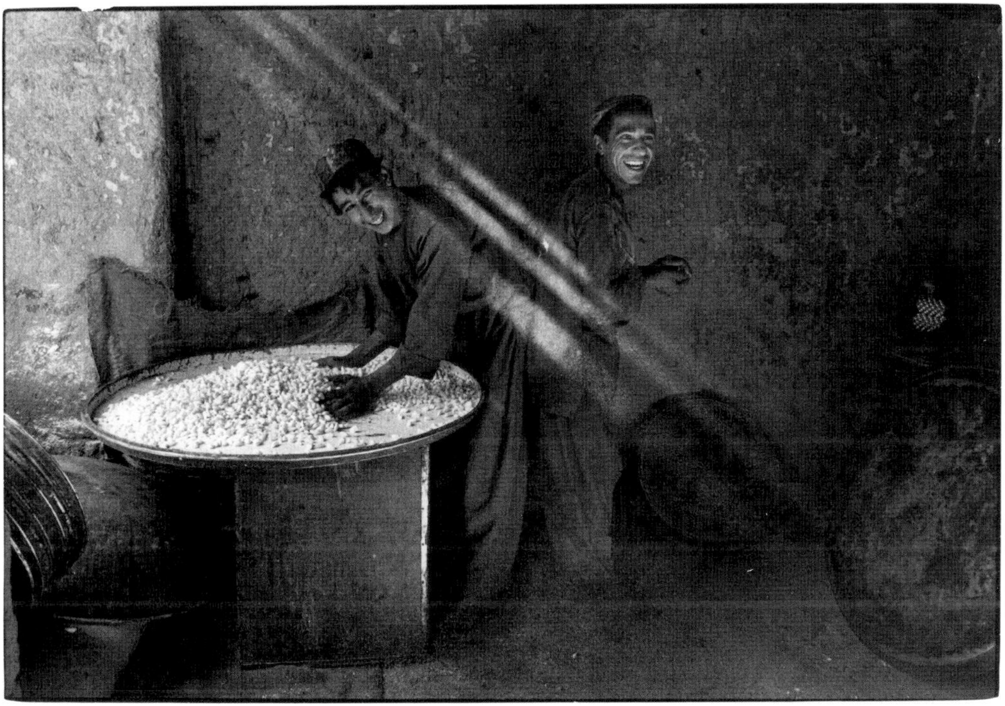

31 **Candymen at Work / Cukráři při práci** Herat, Afghanistan 1978

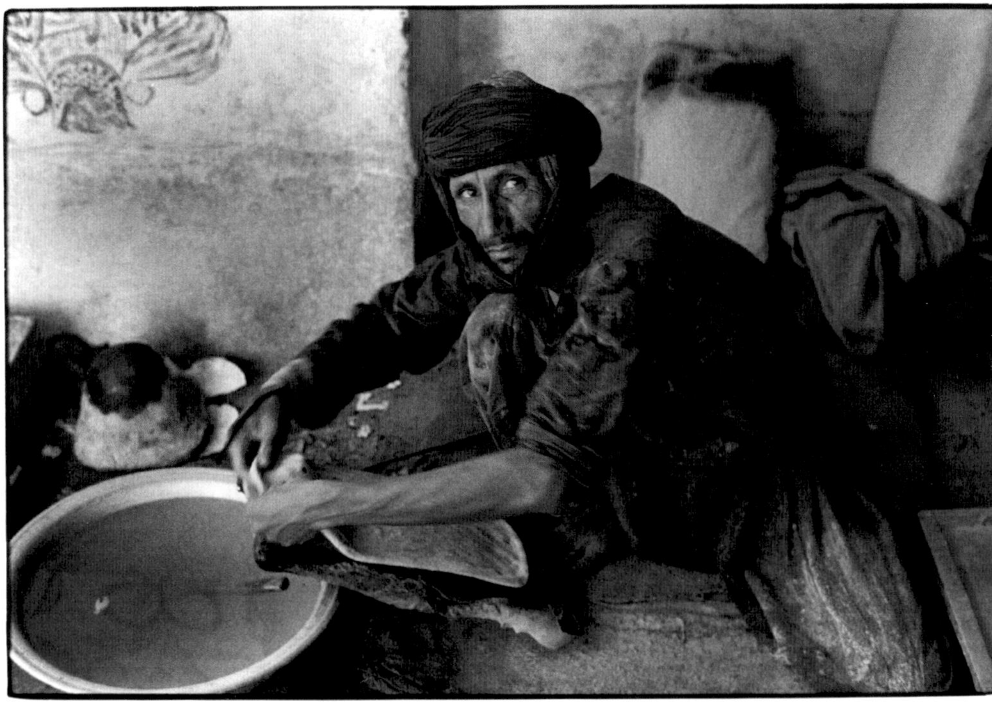

32 **Baker from the Old Bazaar / Pekař ze starého bazaru** Herat, Afghanistan 1978

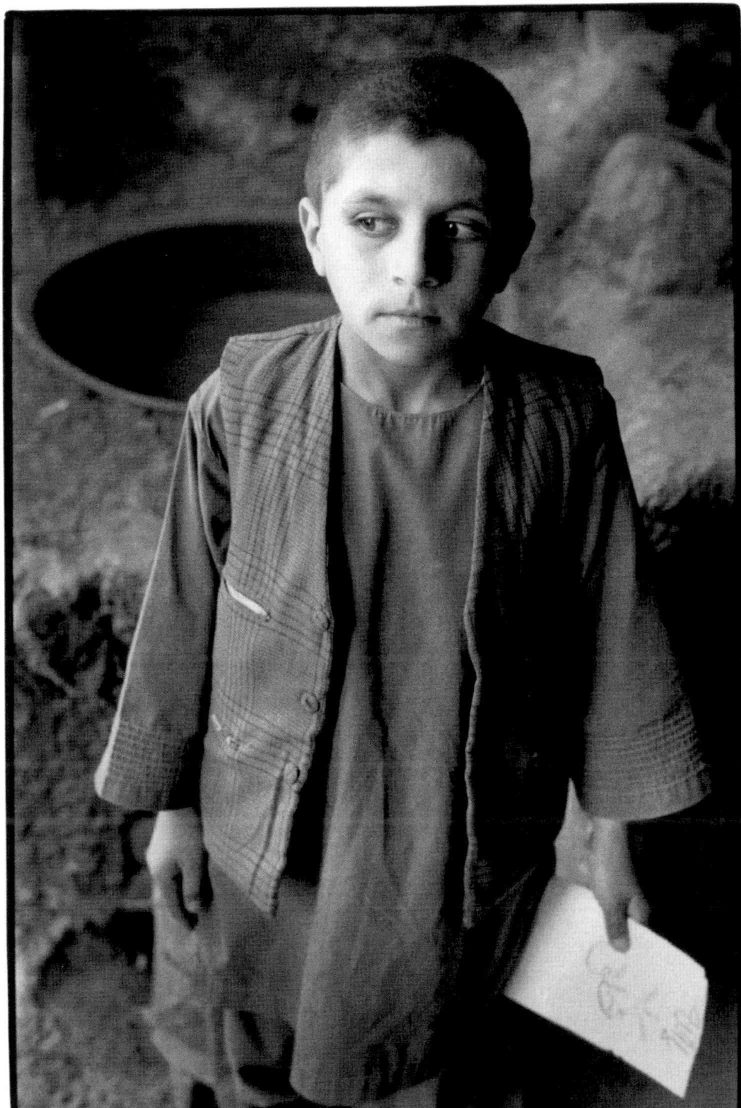

33 **Untitled / Bez názvu** Herat, Afghanistan 1978

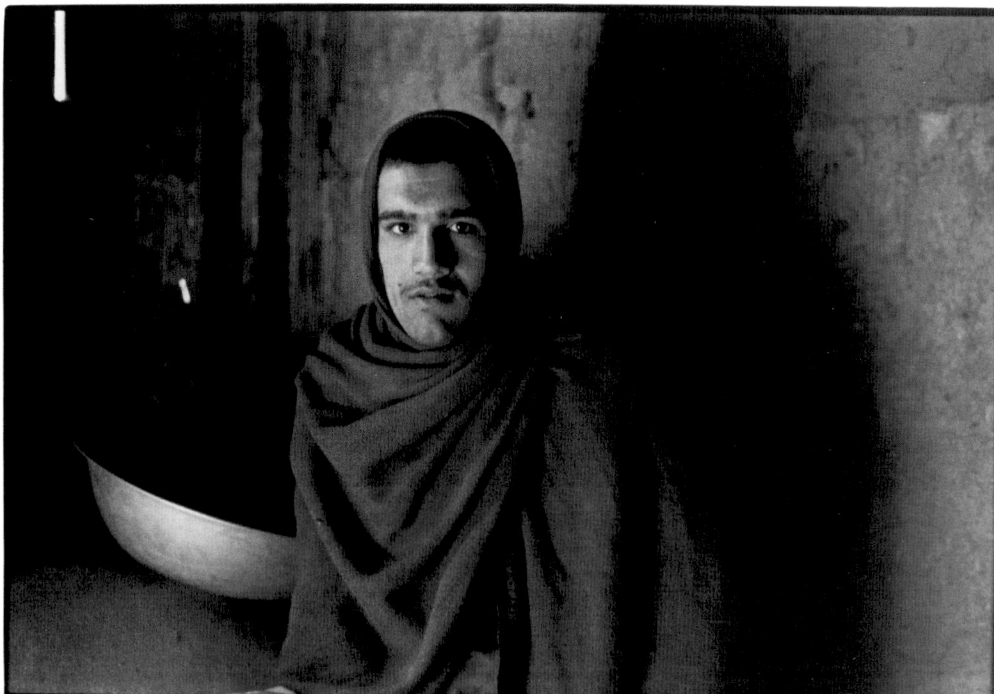

34 **Delivery Man with Candy / Poslíček s cukrovím** Herat, Afghanistan 1978

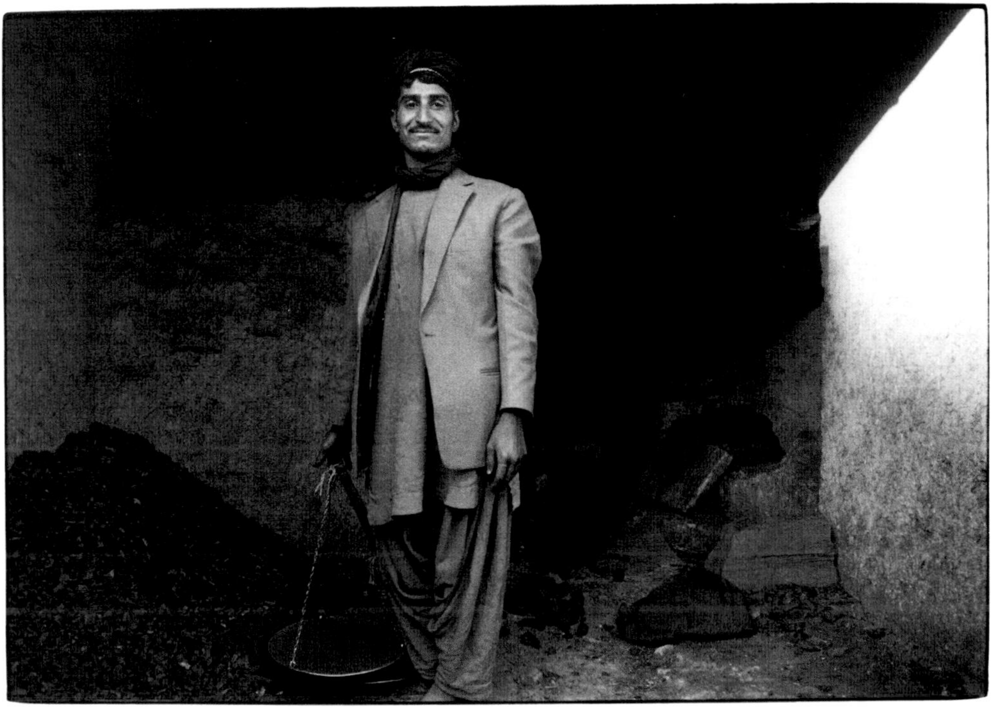

35 **Coal Merchant / Prodavač uhlí** Herat, Afghanistan nedatováno /no date

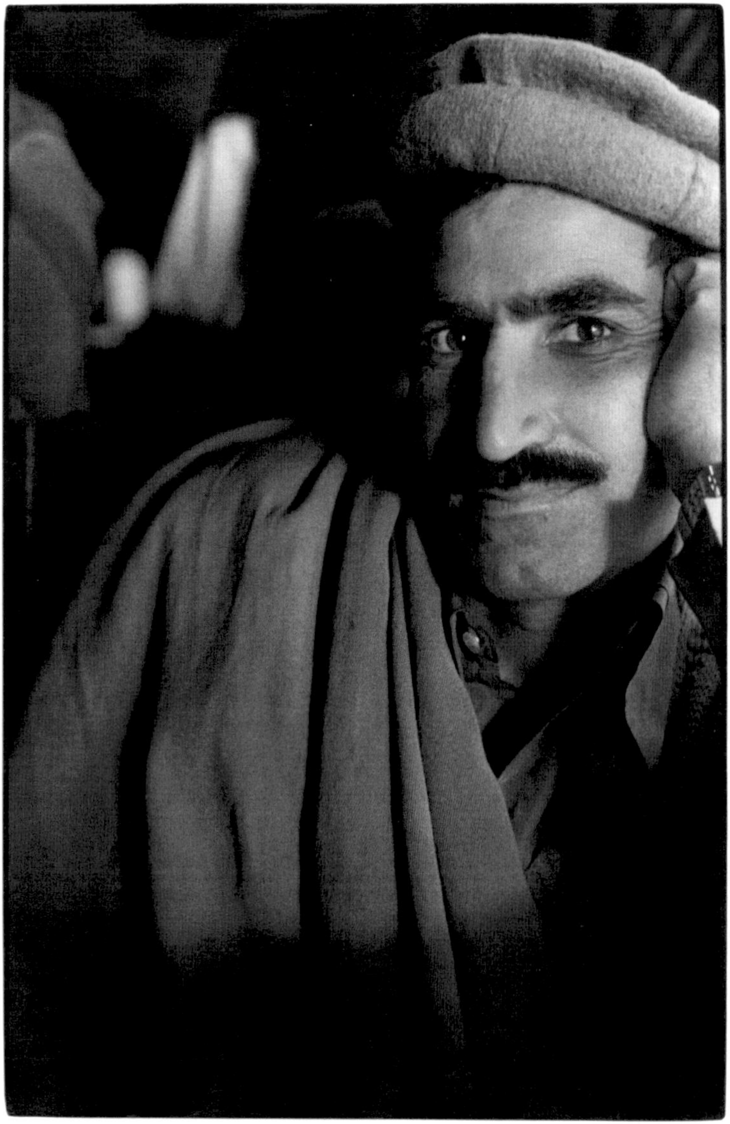

36 **Passenger from the Land of Light / Muž ze země světla**
Pakistan / Pákistán 1978

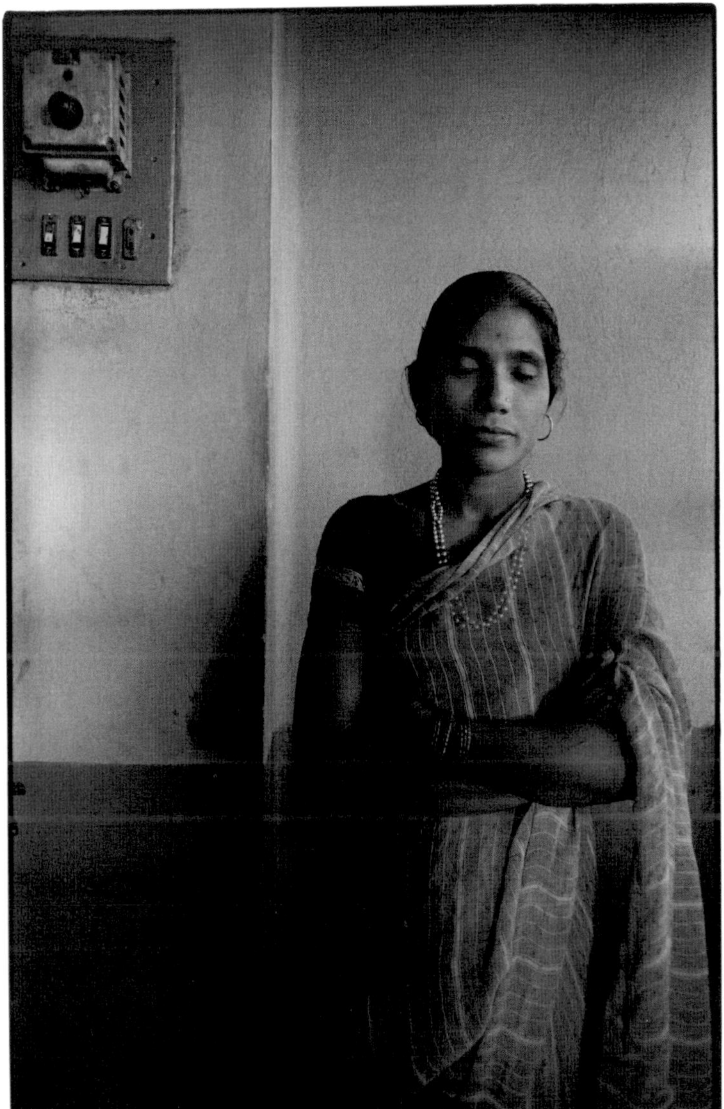

37 **The Wife of a Wanted Con Man / Žena hledaného podvodníka**
India / Indie 1978

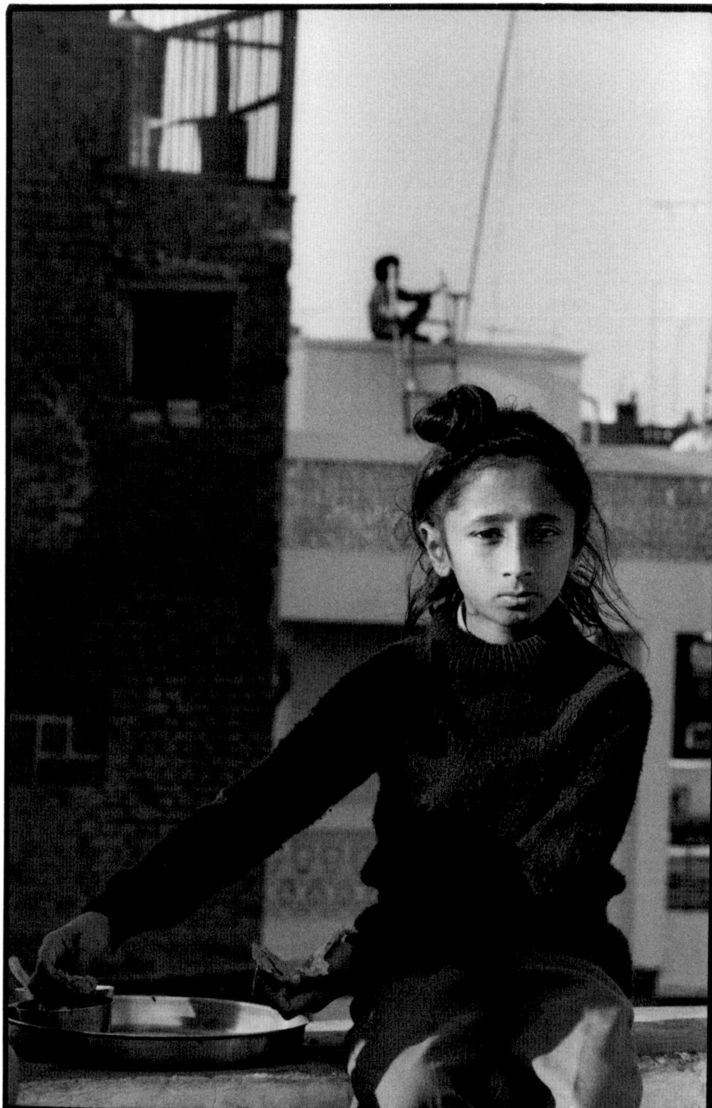

38 **A Sikh Boy on a Roof, Hyderabad / Večeře na střeše v Hajdarábádu**
India / Indie 1978

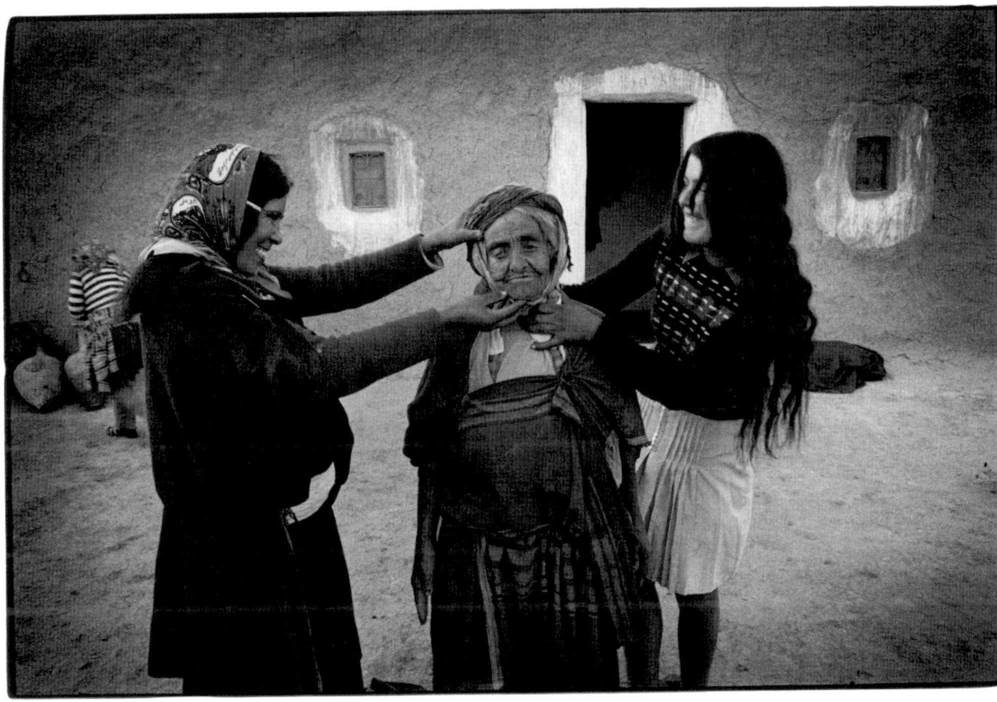

39 **Untitled / Bez názvu** India / Indie 1978

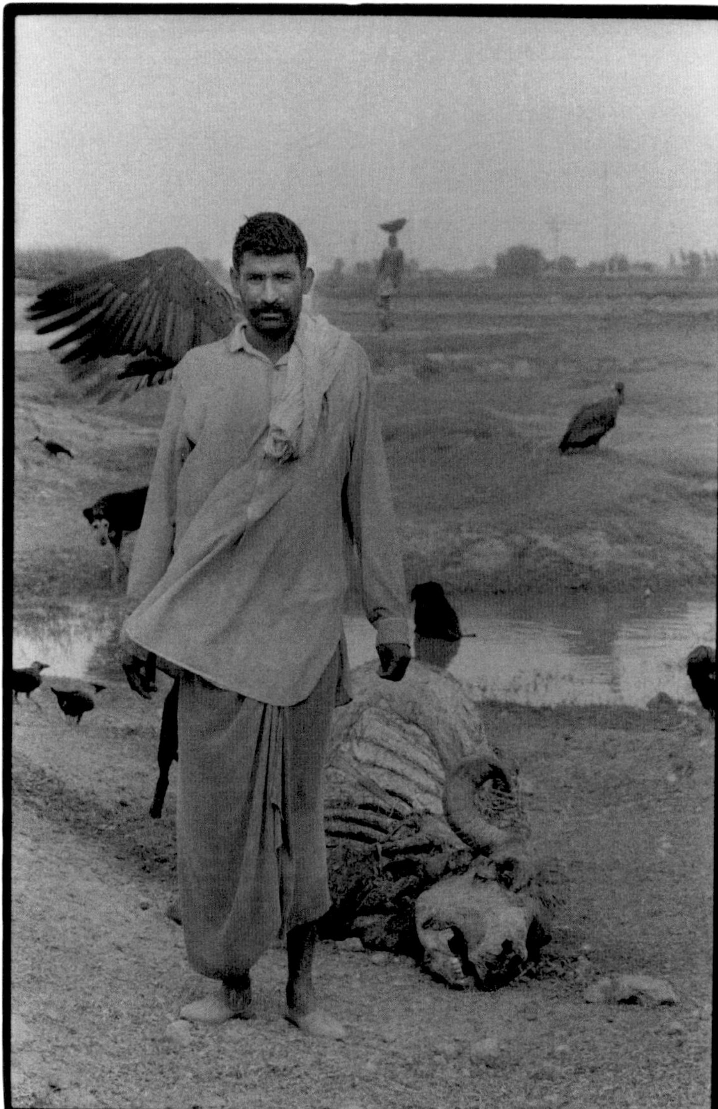

40 **Welcome to India / Anděl smrti** Punjab, India / Pandžáb, Indie 1978

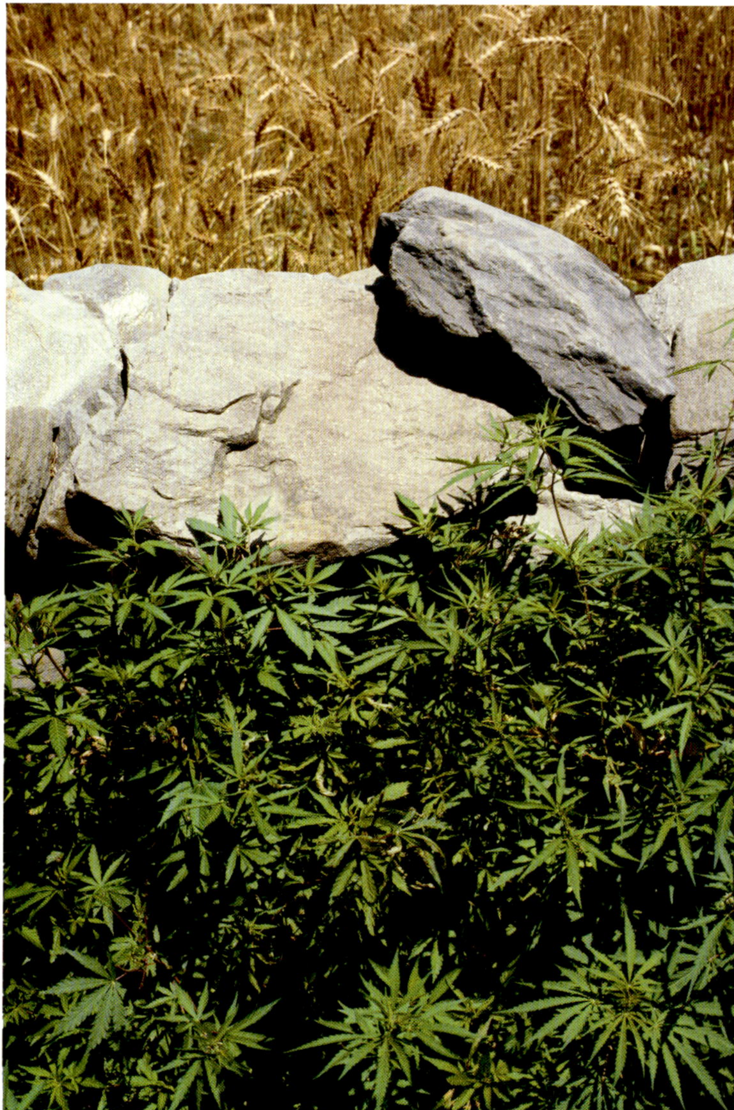

41 **From the Home of the Gods series / Z cyklu Domov bohů**
India / Indie 1979

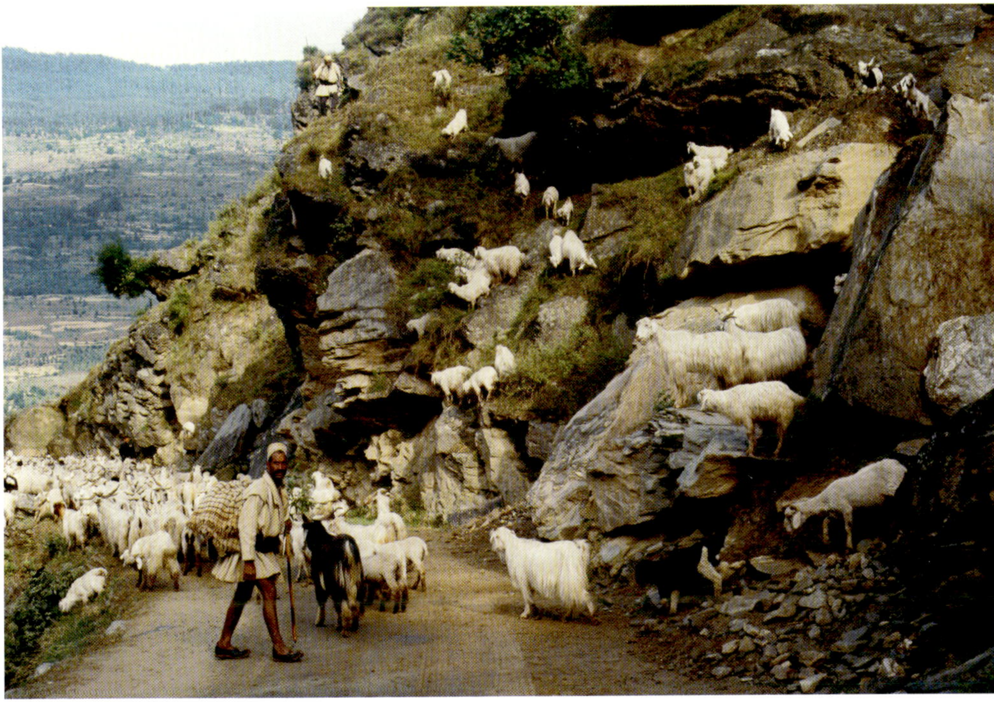

42 **From the Home of the Gods series / Z cyklu Domov bohů** India / Indie 1979

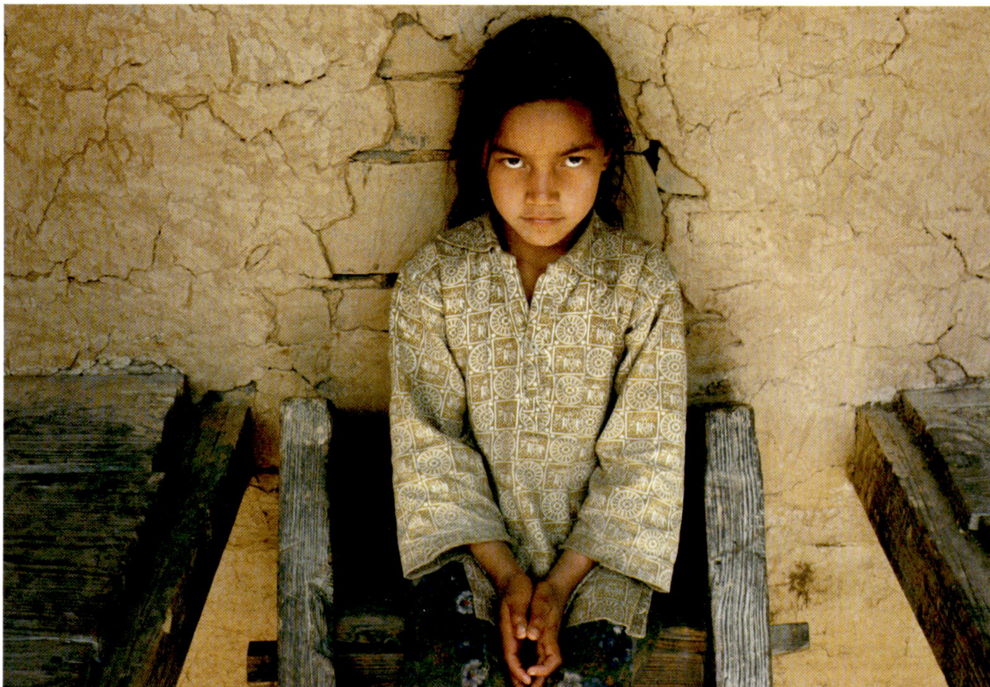

43 **From the Home of the Gods series / Z cyklu Domov bohů** India / Indie 1979

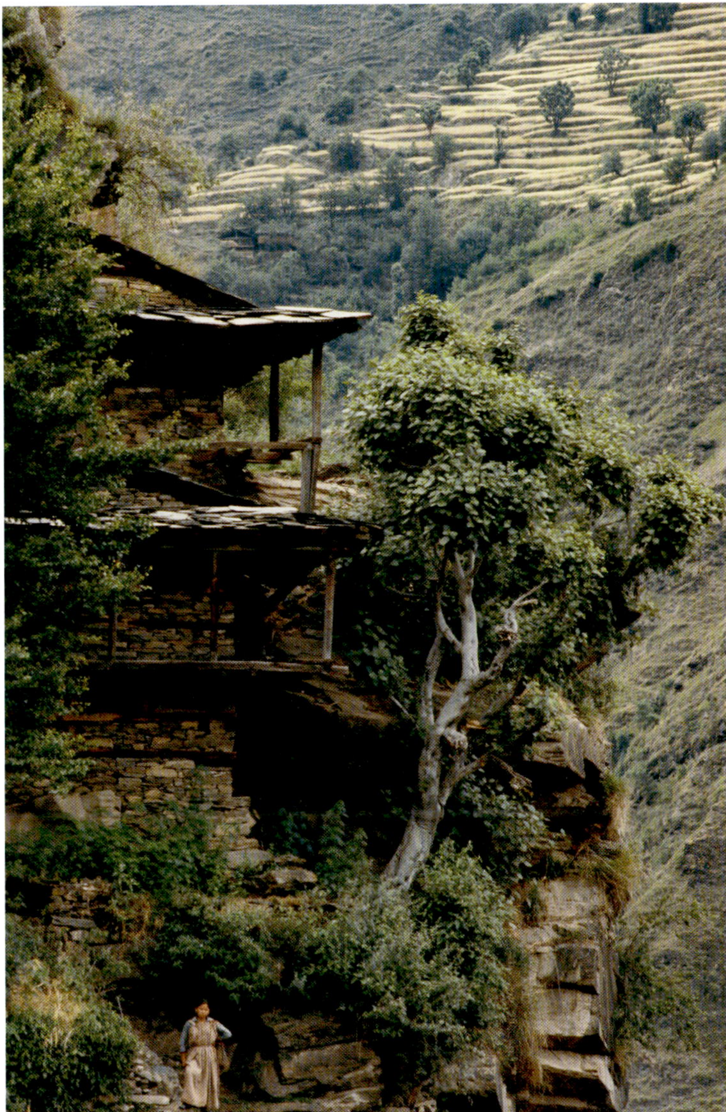

44 **From the Home of the Gods series / Z cyklu Domov bohů**
India / Indie 1979

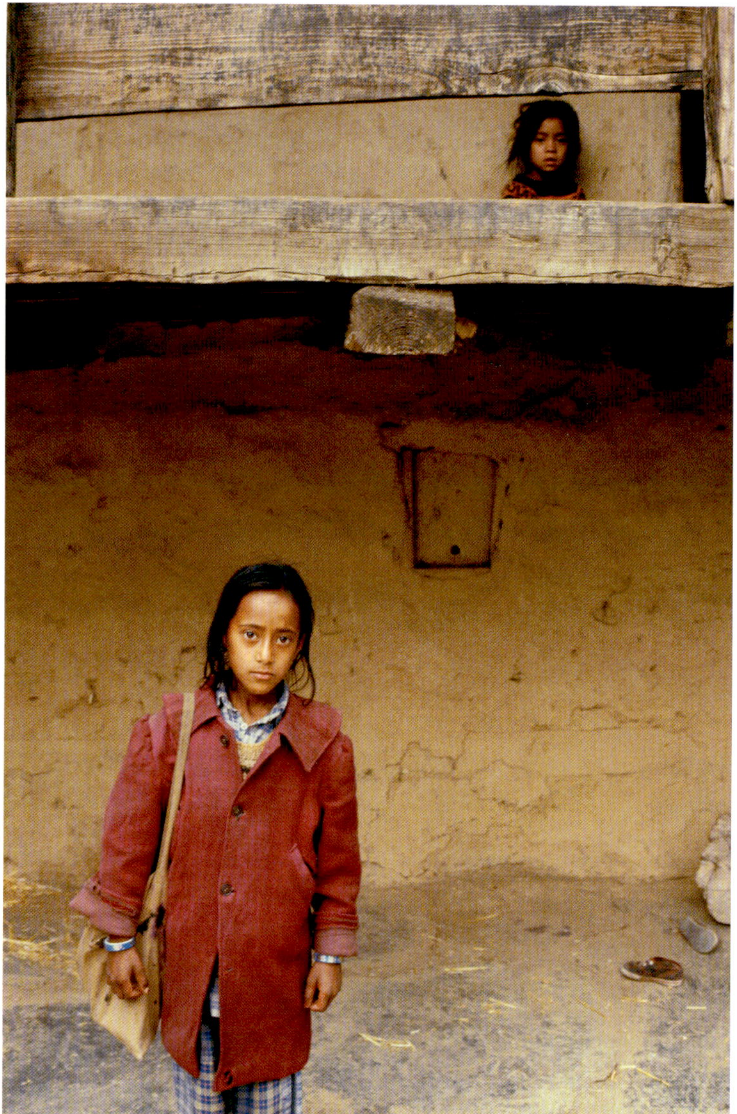

45 **From the Home of the Gods series / Z cyklu Domov bohů**
India / Indie 1979

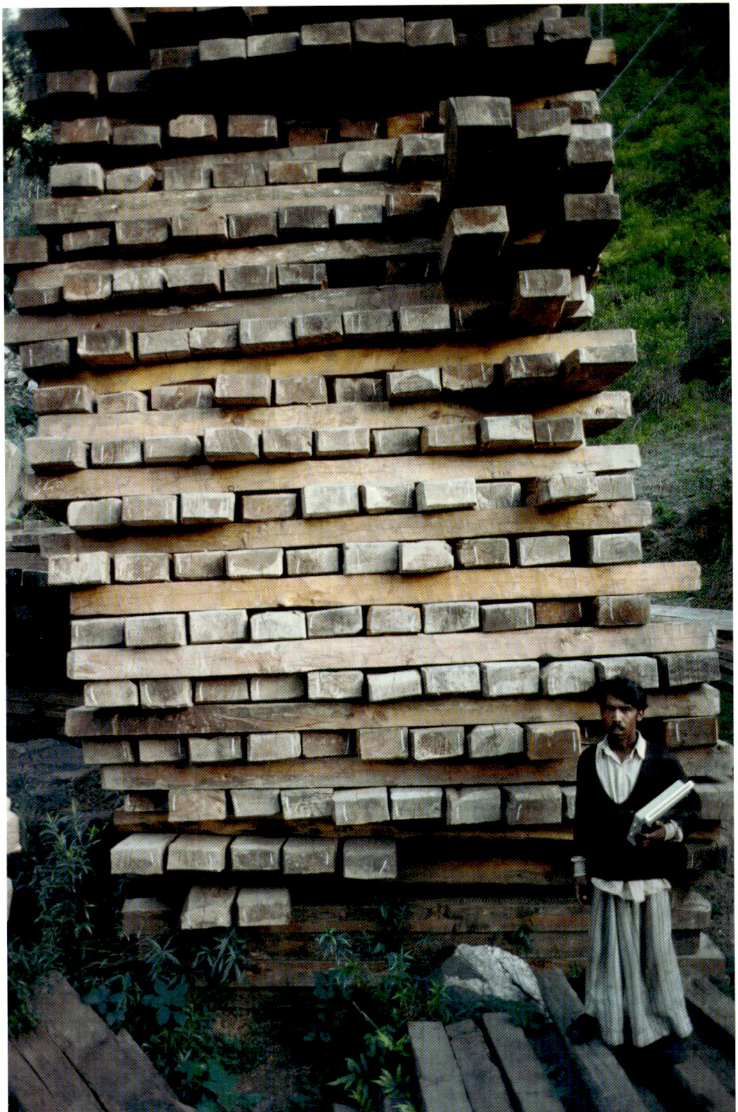

46 **From the Home of the Gods series / Z cyklu Domov bohů**
India / Indie 1979

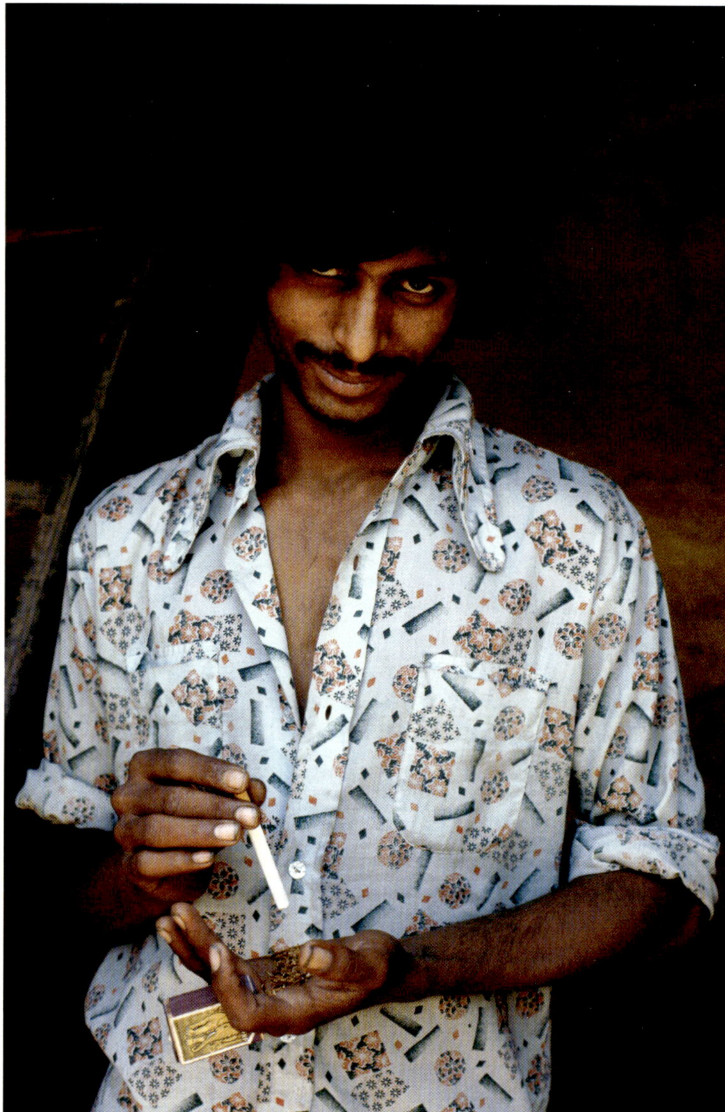

47 **From the Home of the Gods series / Z cyklu Domov bohů**
India / Indie 1979

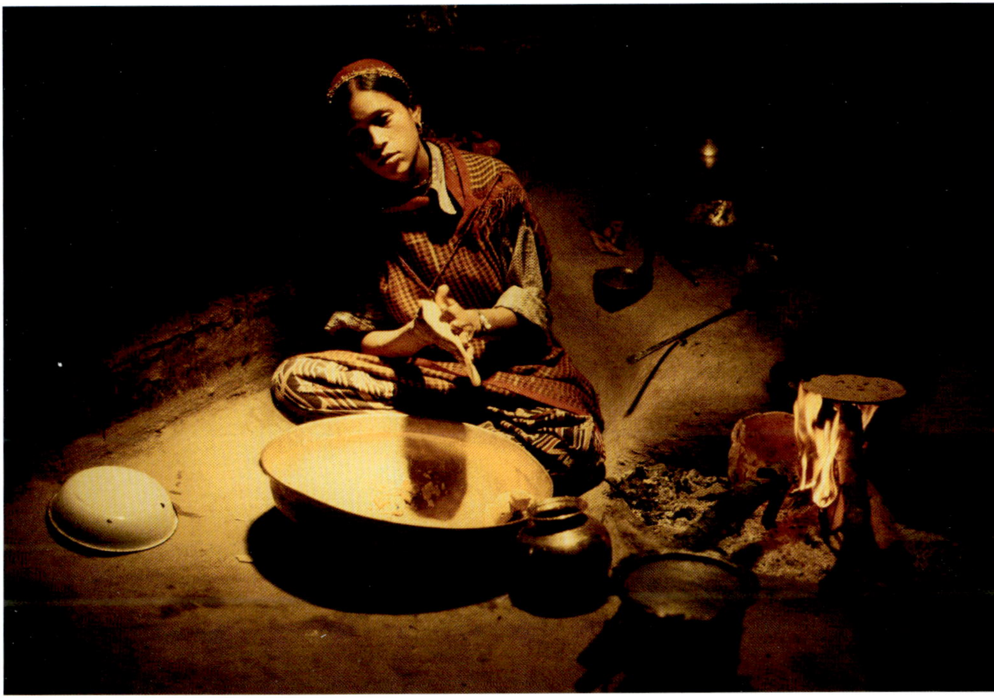

48 **From the Home of the Gods series / Z cyklu Domov bohů** India / Indie 1979

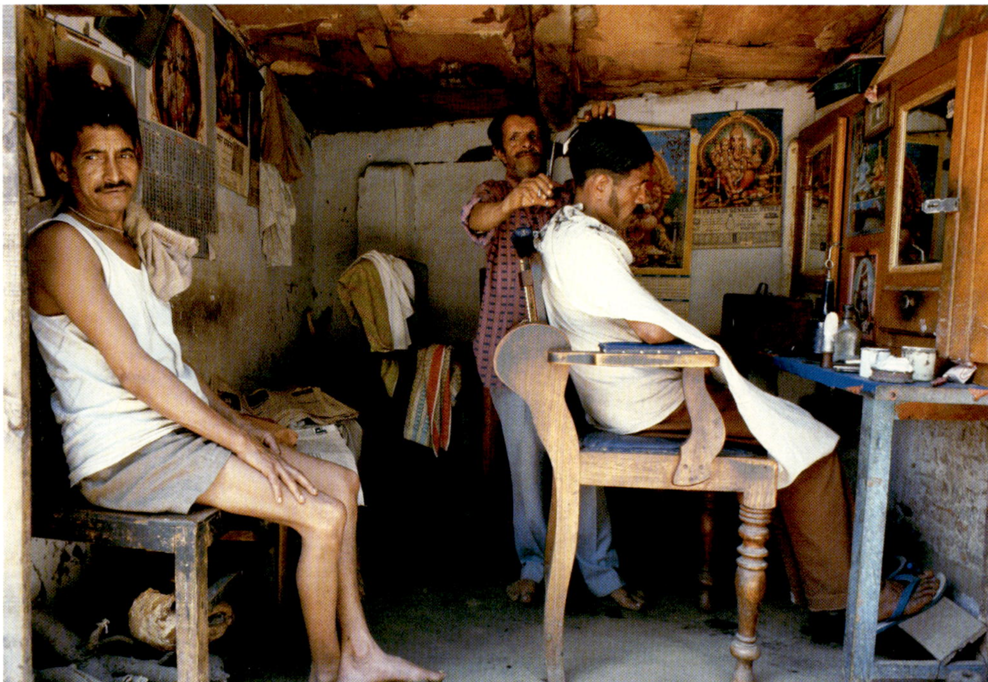

49 **From the Home of the Gods series / Z cyklu Domov bohů** India / Indie 1979

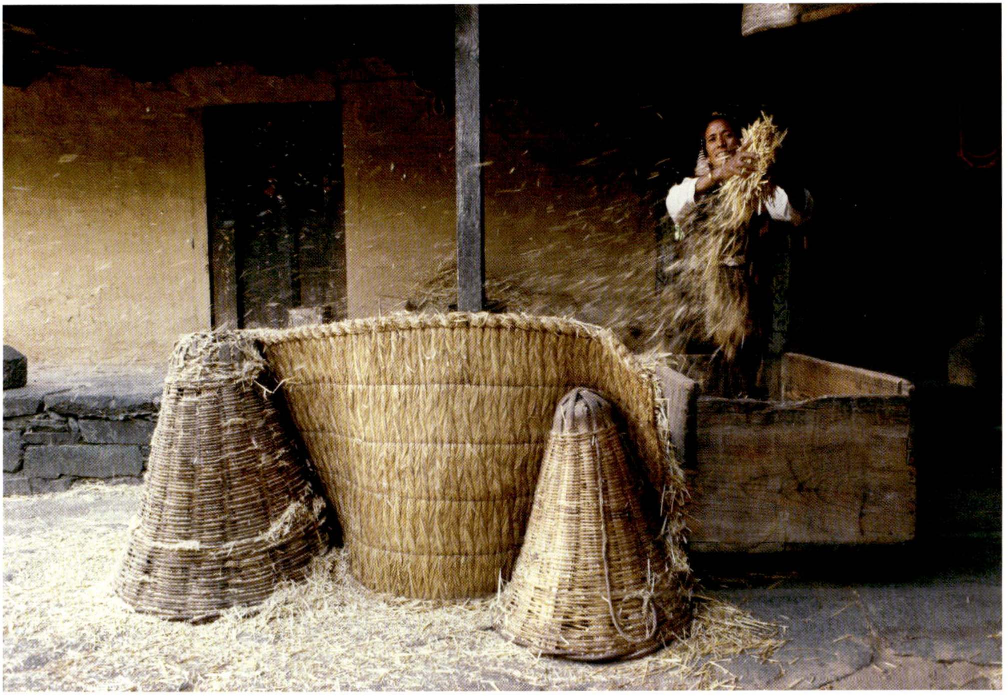

50 **From the Home of the Gods series / Z cyklu Domov bohů** India / Indie 1979

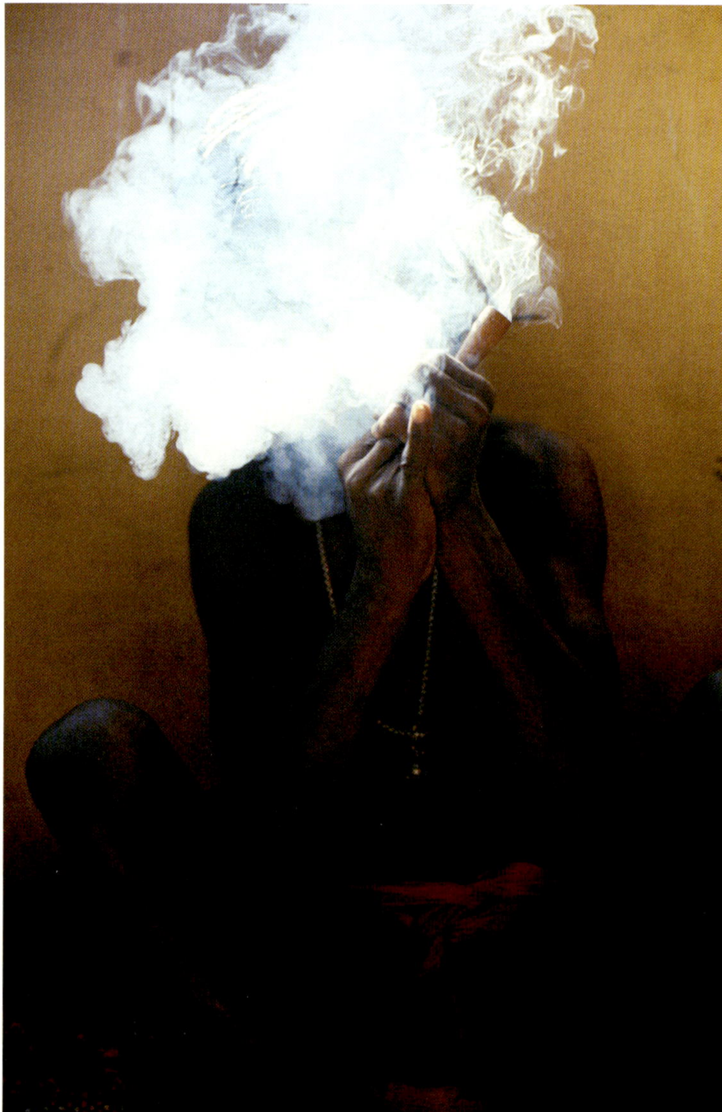

51 **From the Home of the Gods series / Z cyklu Domov bohů**
India / Indie 1979

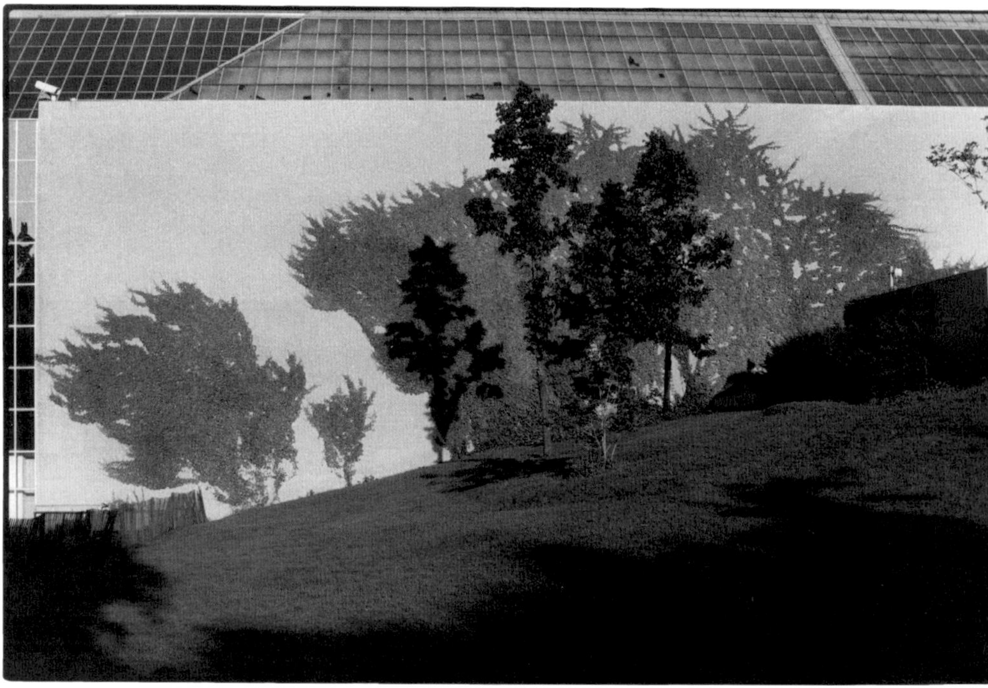

52 **Behind the Metropolitan Museum of Art / Za Metropolitním muzeem** New York 1983

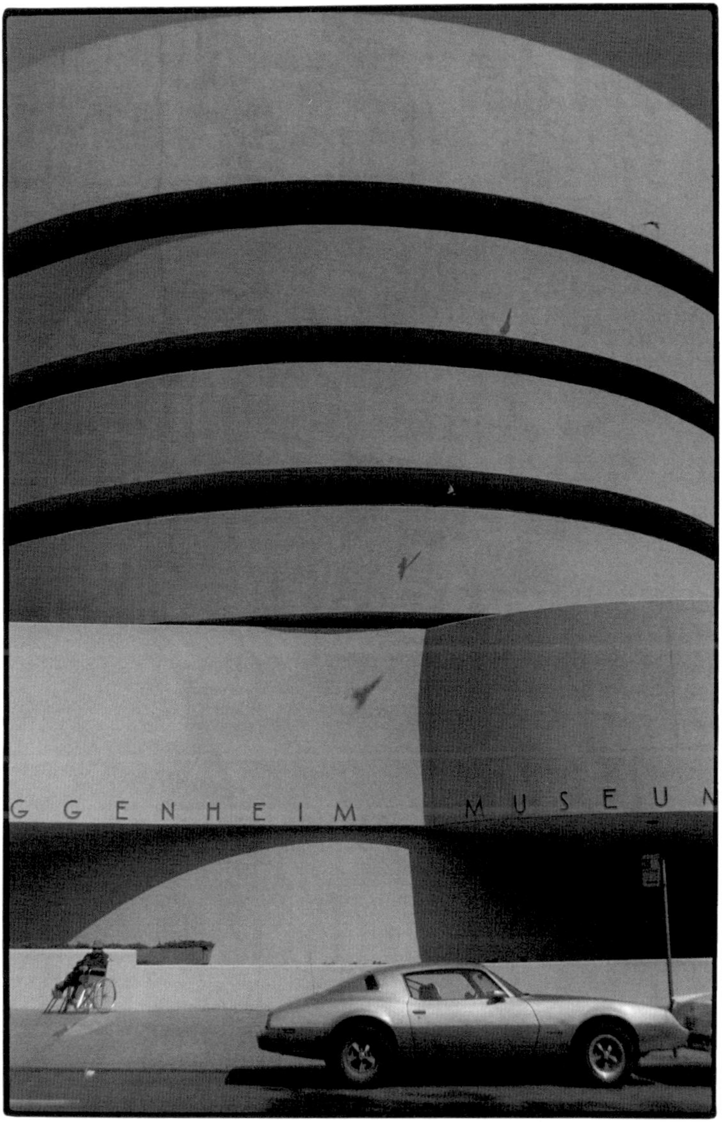

53 **Dr. W. before the Guggenheim / Dr. W. před Guggenheimovým muzeem**
New York 1983

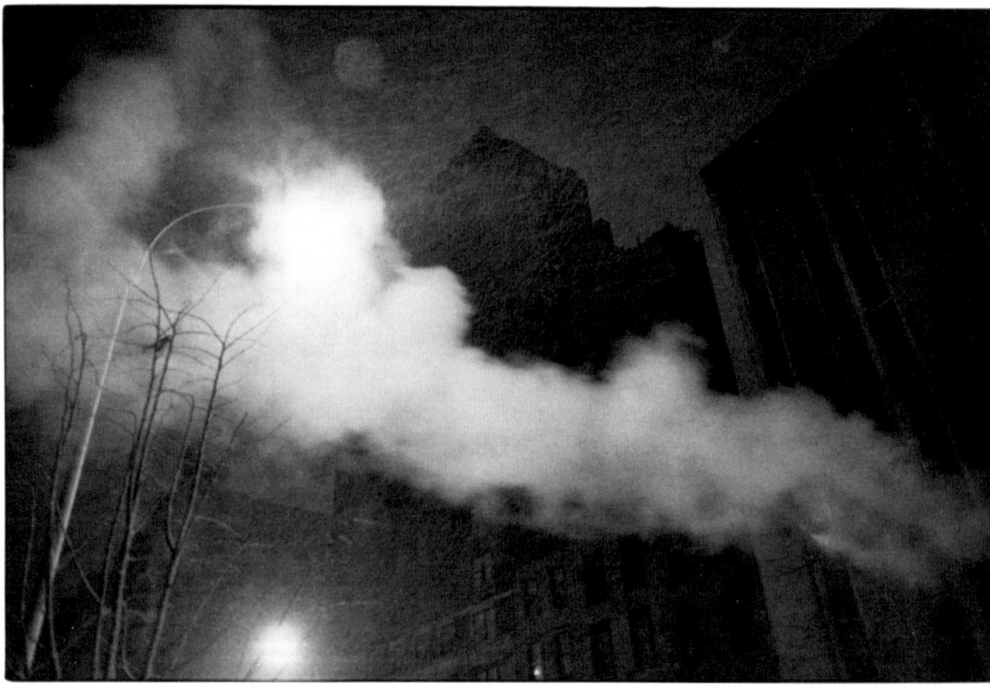

54 **Snow and Steam over Madison Avenue / Sníh a pára nad Madison Avenue** New York 1981

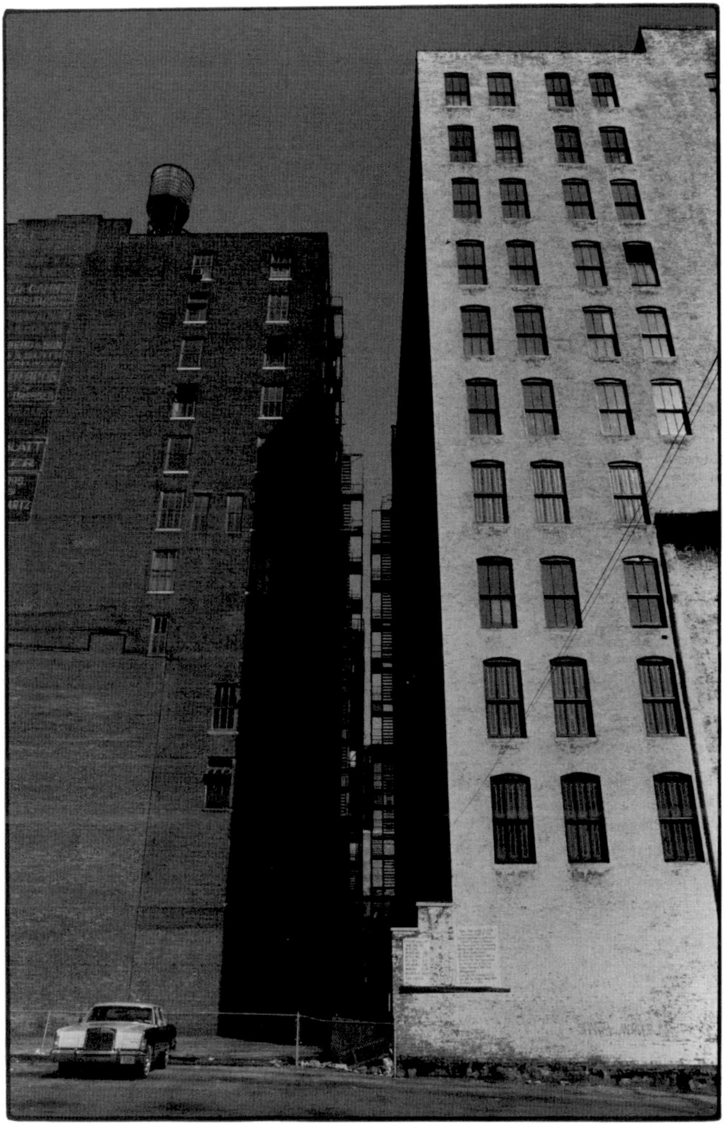

55 **Waiting in Chelsea / Čekáni v Chelsea** New York c. 1982

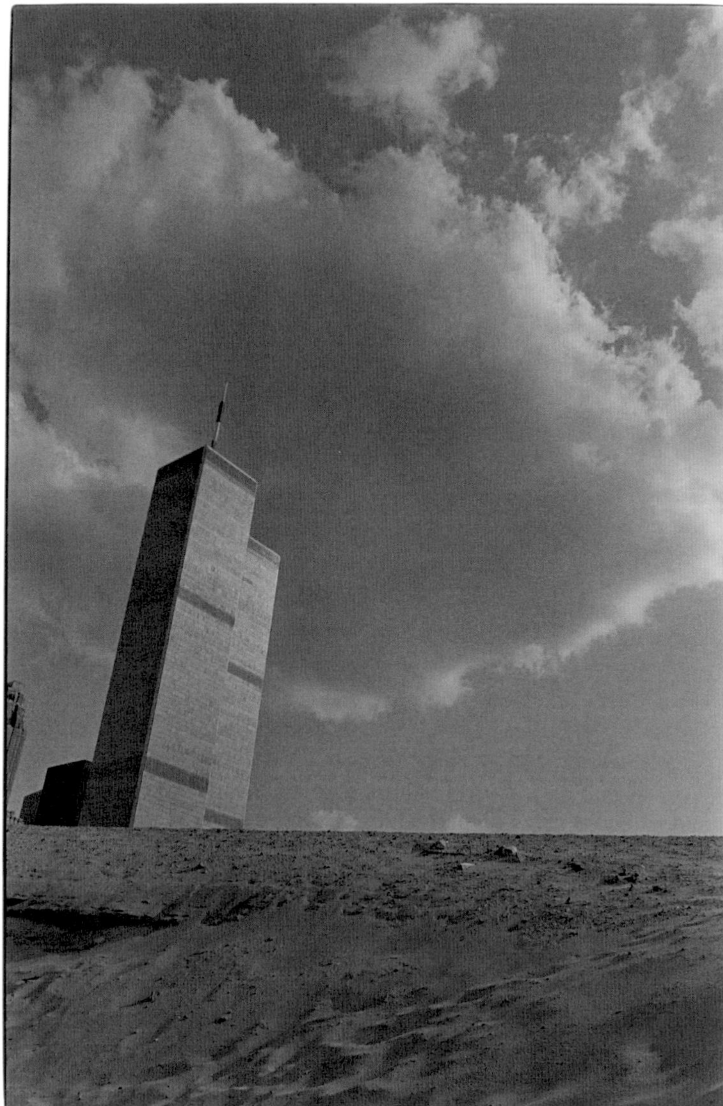

56 **The Twins in the Wind / Dvojčata ve větru** New York 1983

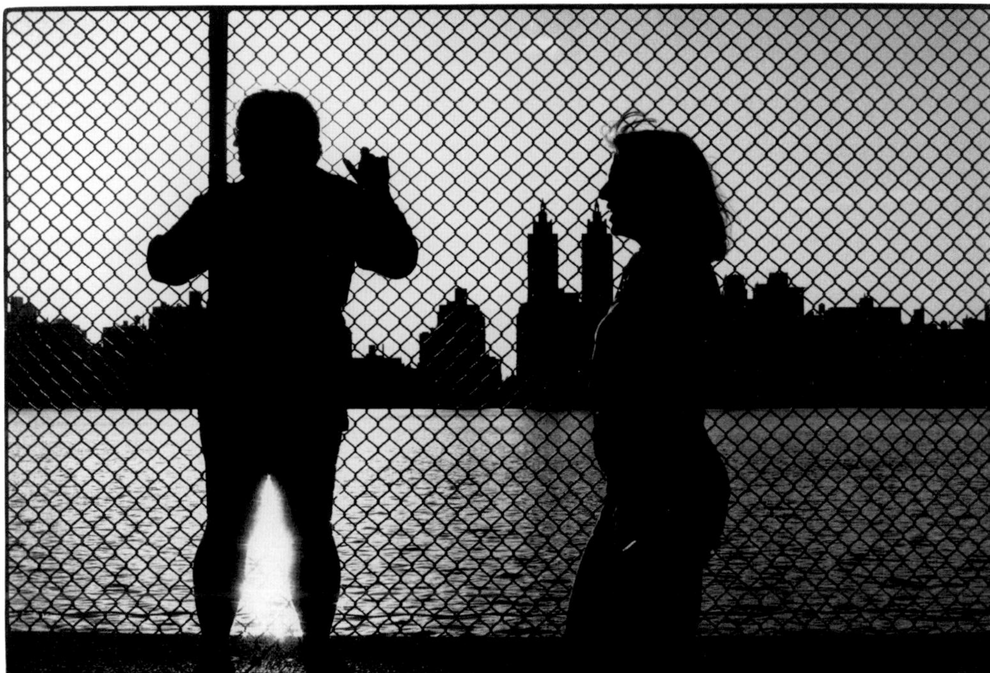

57 **Manhattan through a Fence / Přes plot na Manhattan** New York 1980

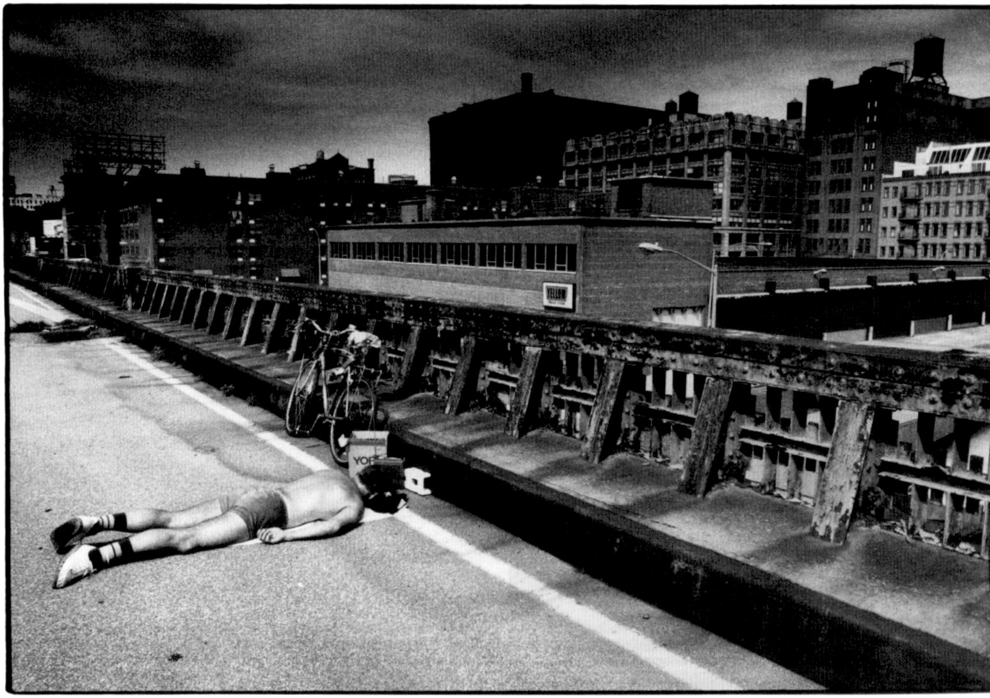

58 **Untitled / Bez názvu** New York c. 1982

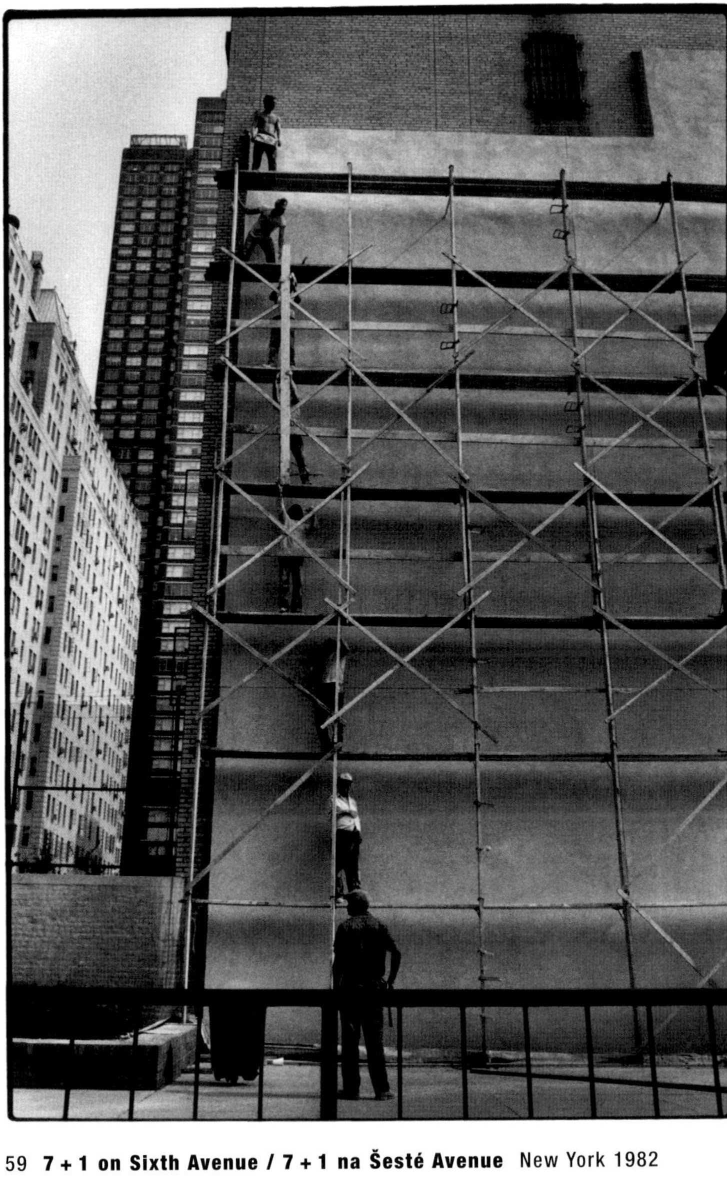

59 **7 + 1 on Sixth Avenue / 7 + 1 na Šesté Avenue** New York 1982

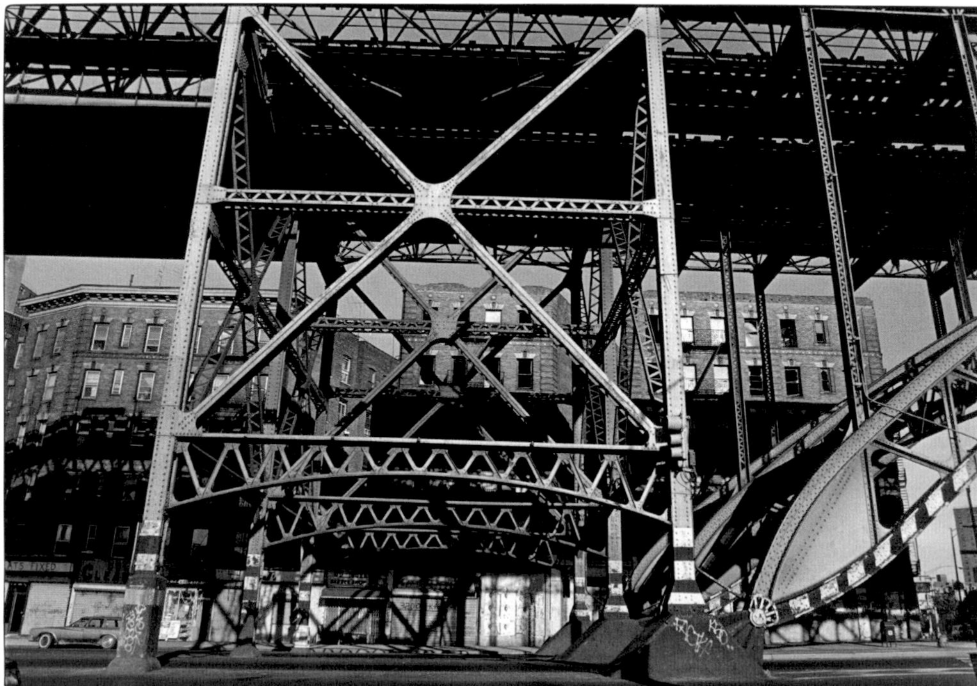

60 **Harlem** New York 1986

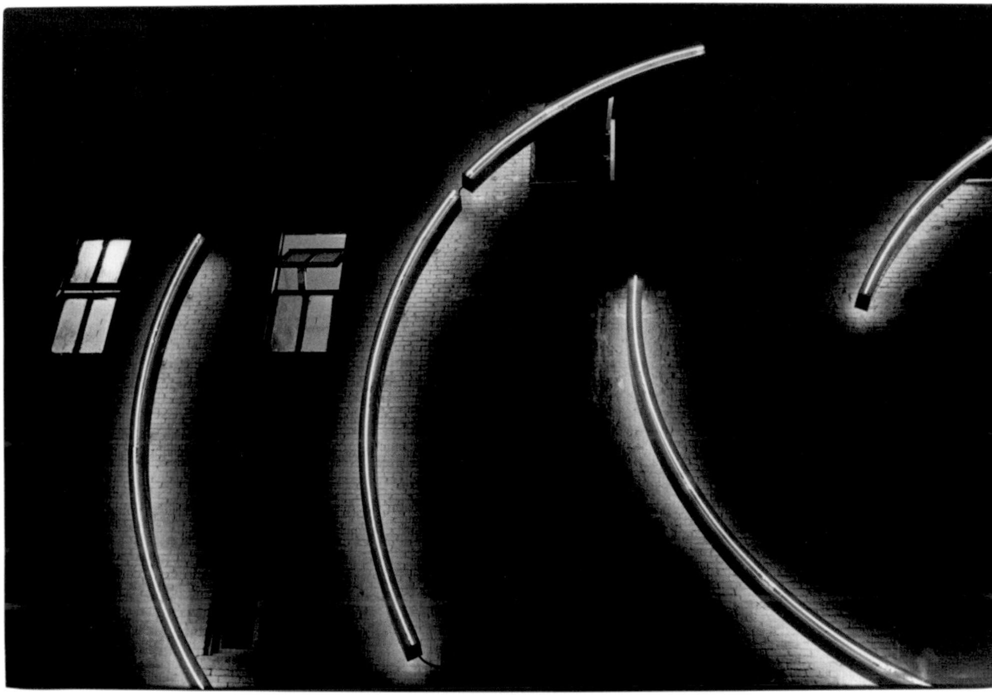

61 **Neon Lights on 42nd Street / Neony na 42. ulici** New York 1987

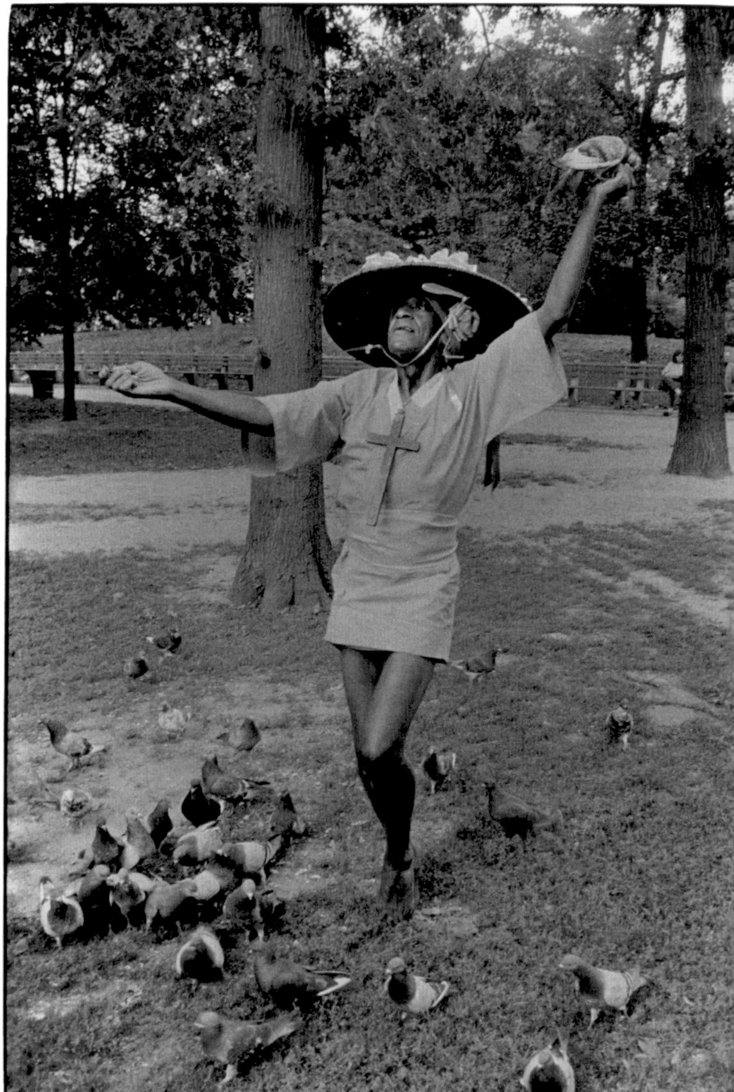

62 **Edith Piaf Imitator / Napodobovatelka Edith Piaf** New York c. 1982

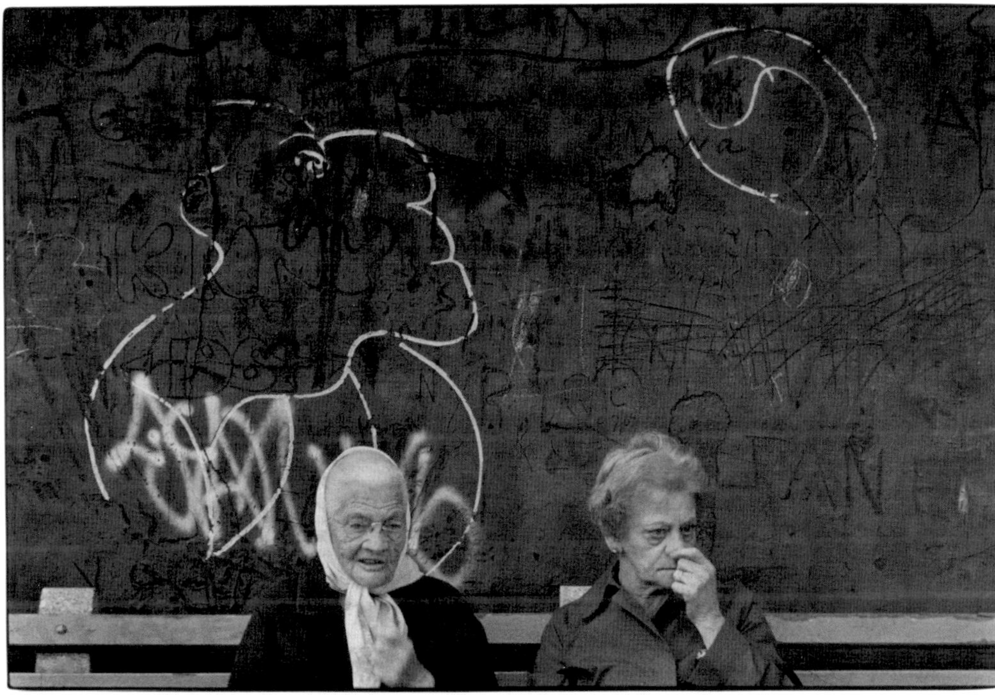

63 **Two Friends / Dvě kamarádky** New York 1982

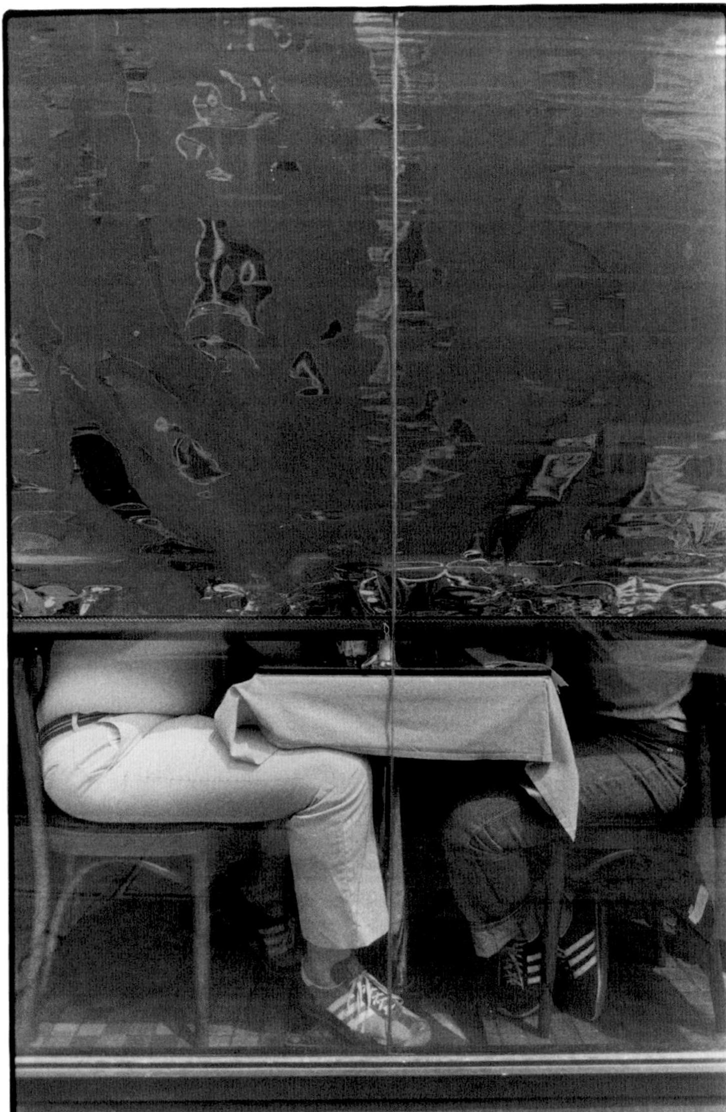

64 **Upper East Side Conversation / Konverzace na Upper East Side**
New York c. 1982

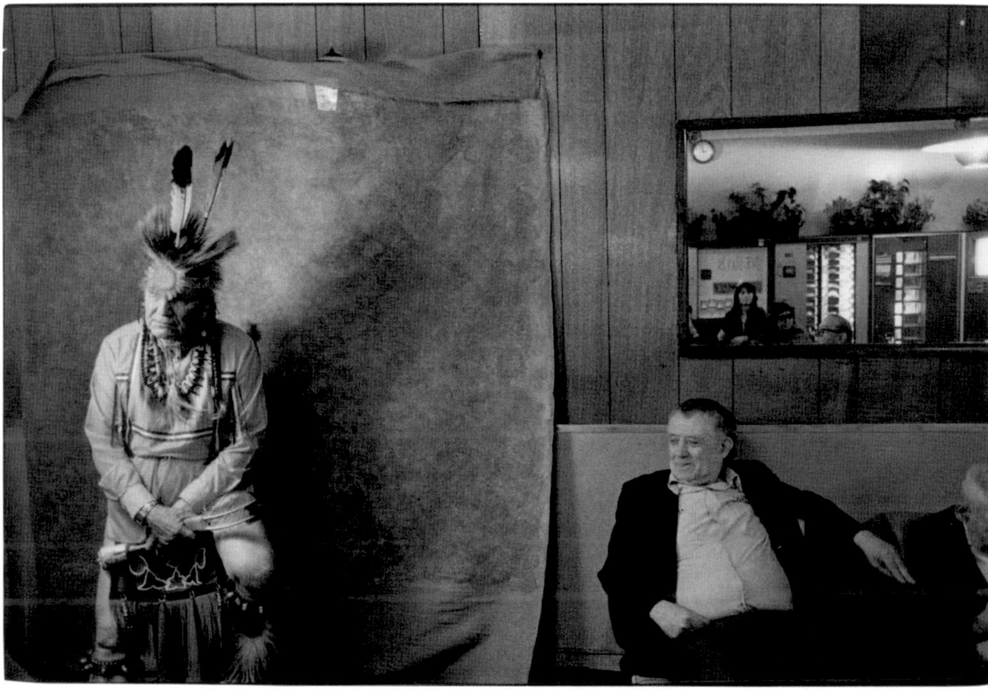

65 **Indian Chief and a Guest / Indiánský náčelník a host** New York 1982

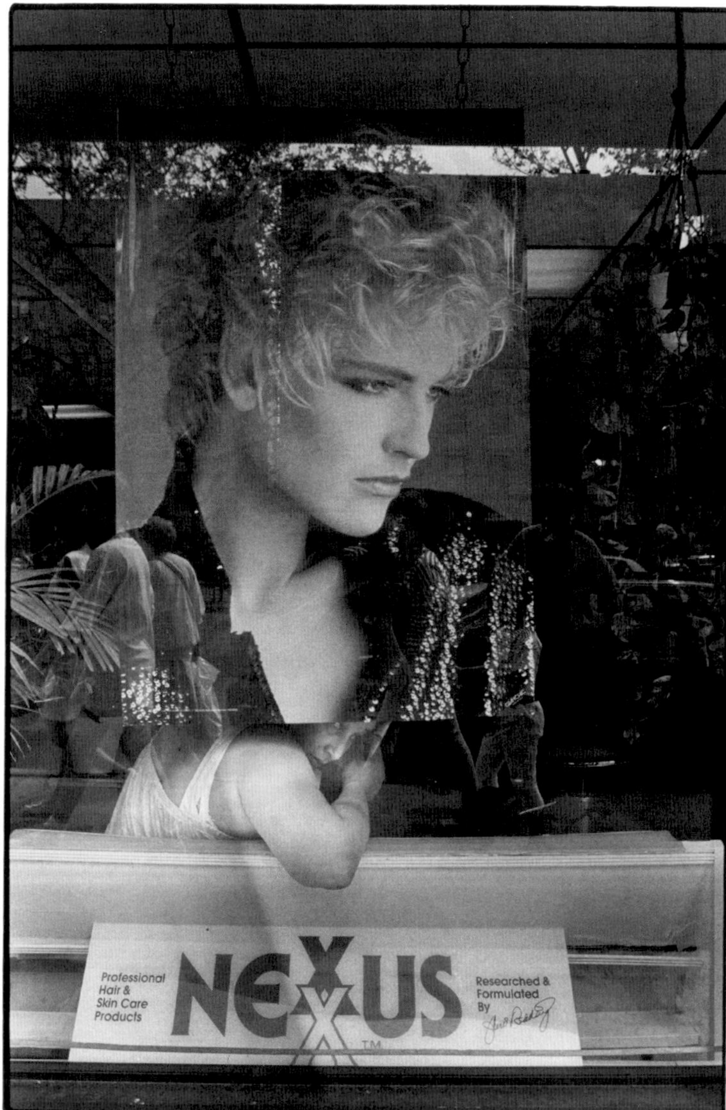

66 **Hairdresser's / Kadeřnictví** New York 1989

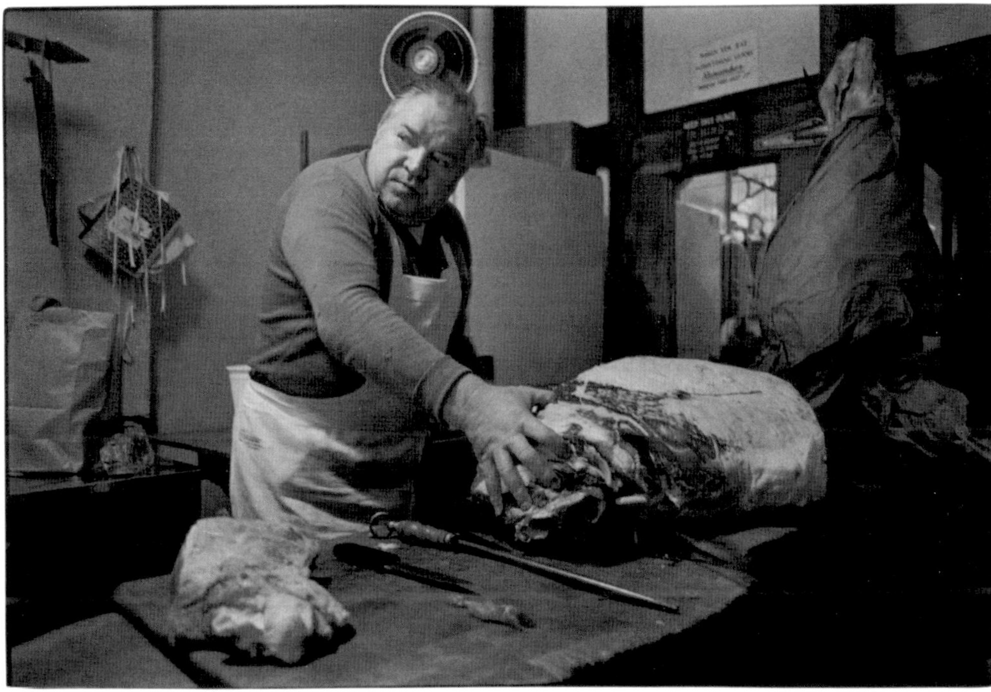

67 **Harant, the Butcher / Řezník pan Harant** New York 1981

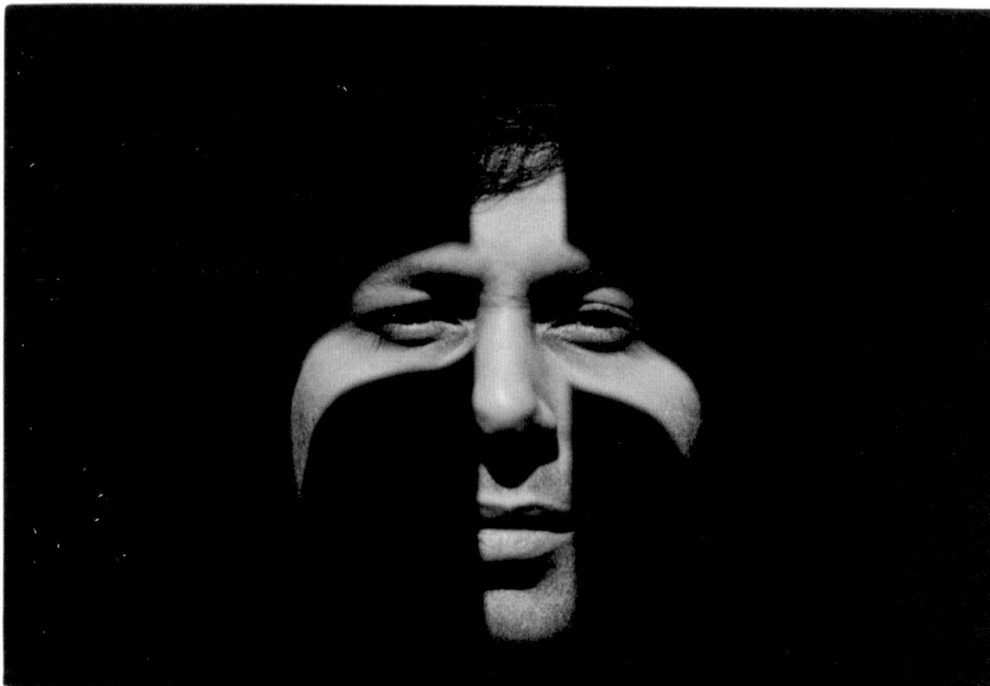

68 **Hugo Garcia de Pagano** New York 1987

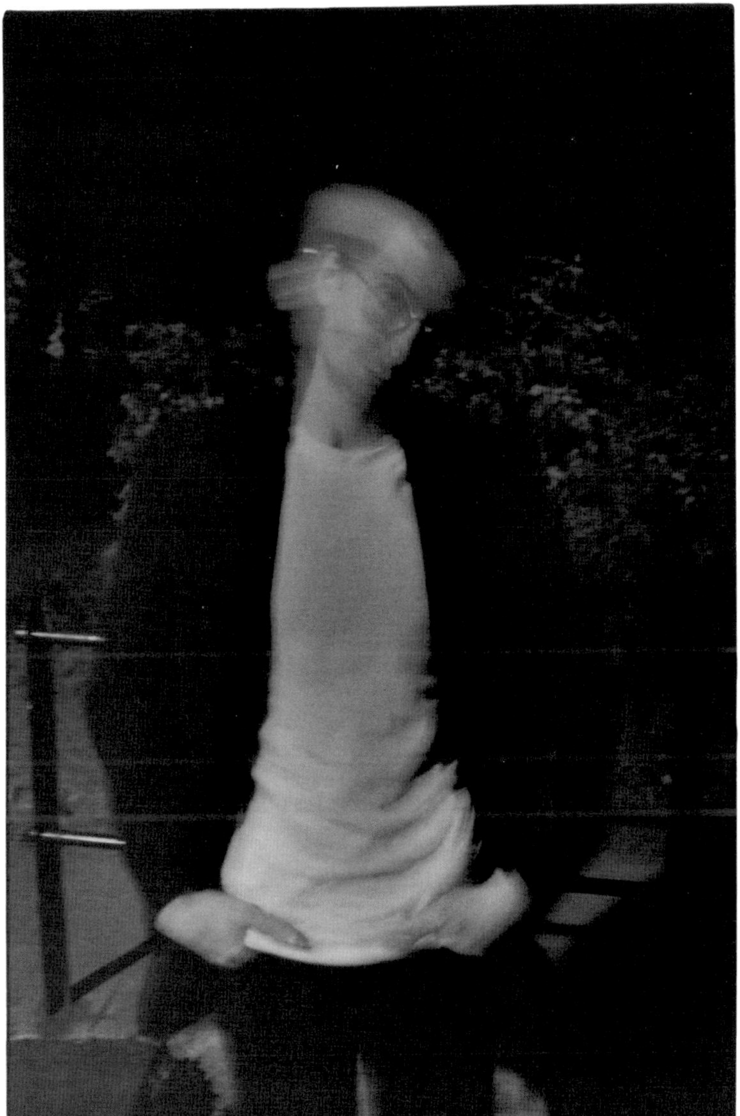

69 **Mark L. in Central Park / Mark L. v Central Parku** New York 1981

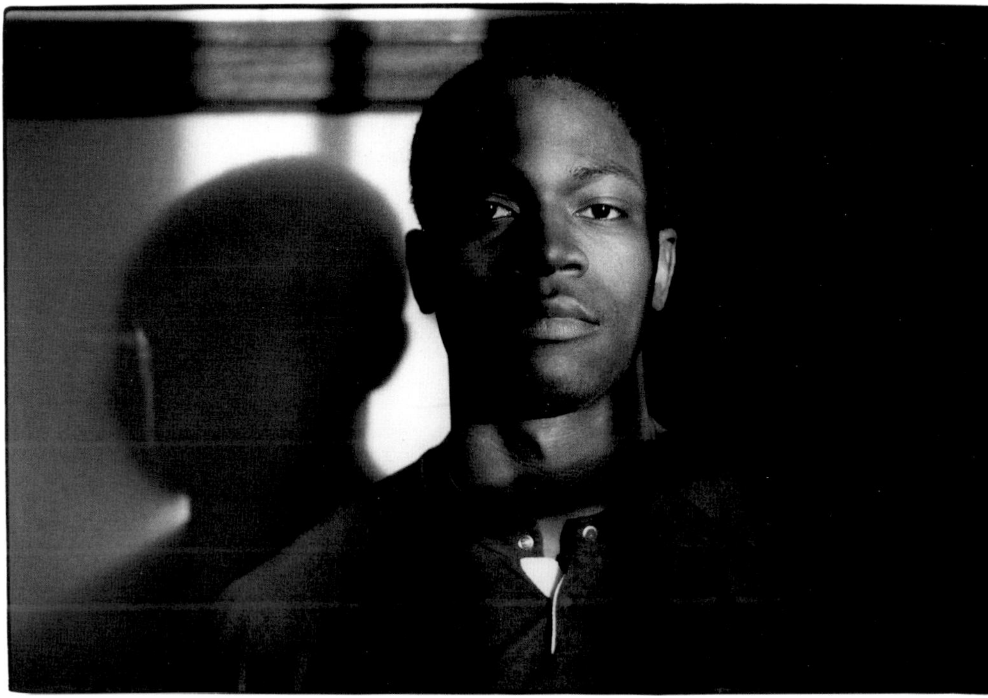

70 **From the Say No to Drugs series / Z cyklu Say No to Drugs** New York 1986

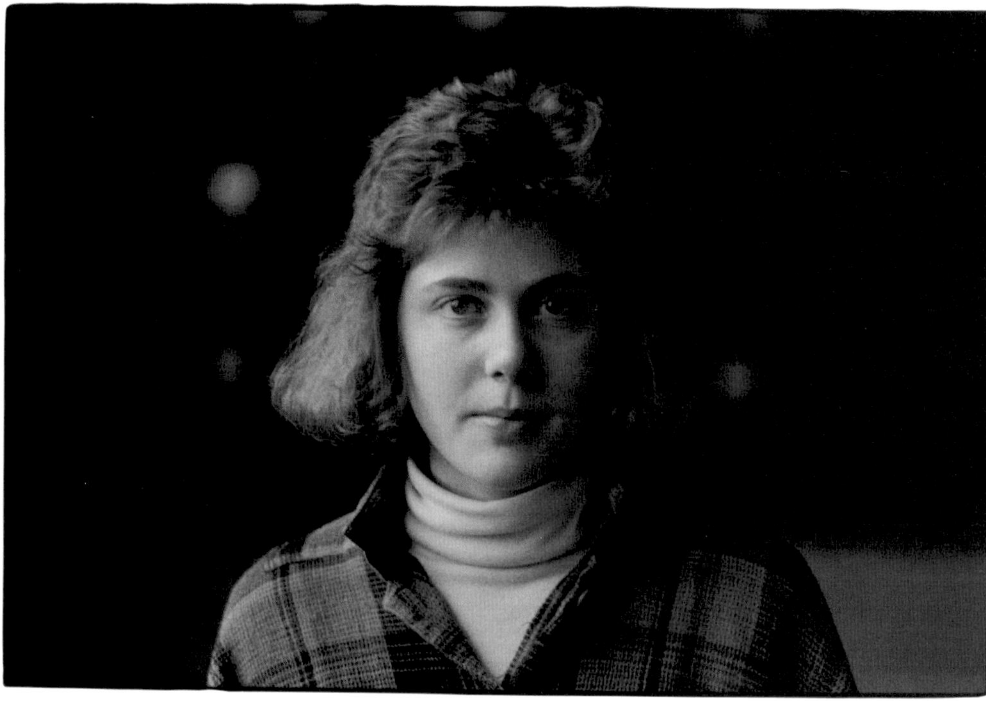

71 **From the Say No to Drugs series / Z cyklu Say No to Drugs** New York 1986

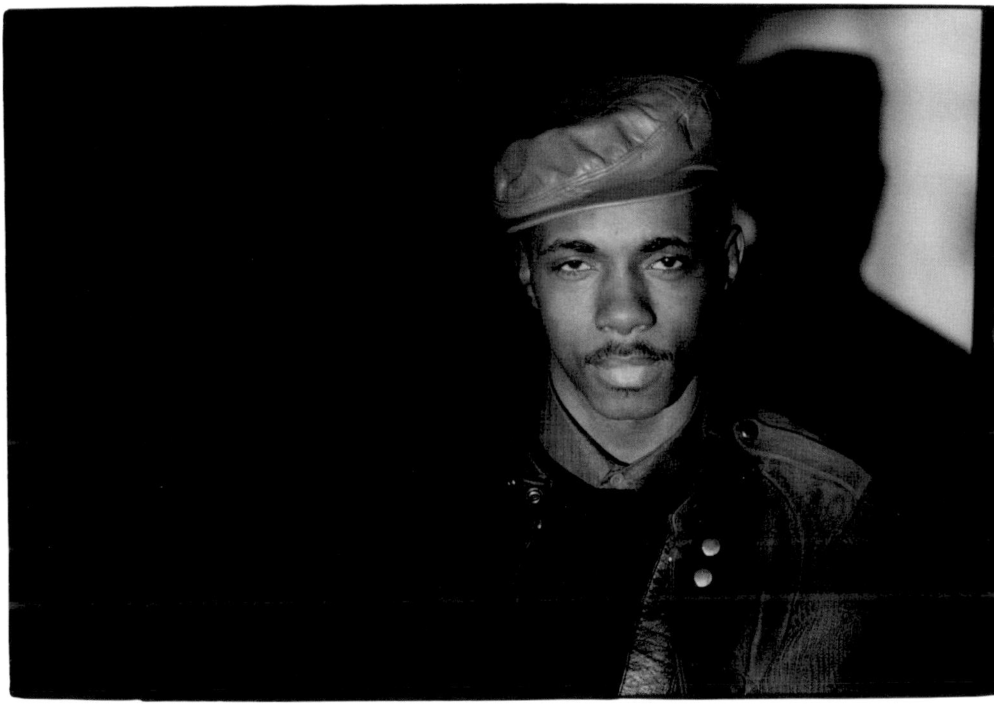

72 **From the Say No to Drugs series / Z cyklu Say No to Drugs** New York 1986

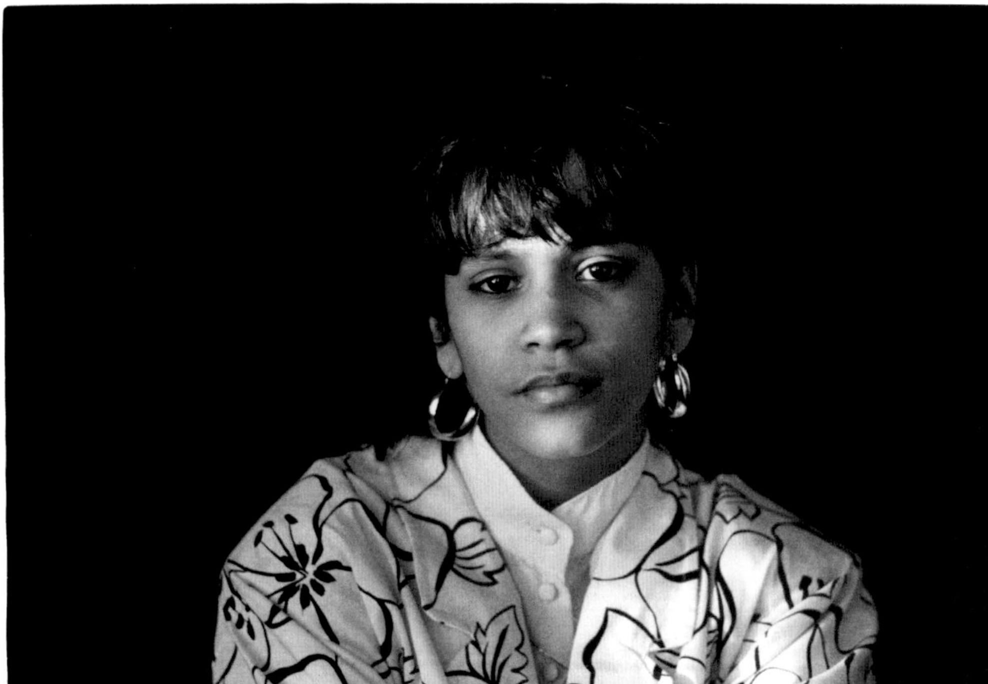

73 **From the Say No to Drugs series / Z cyklu Say No to Drugs** New York 1986

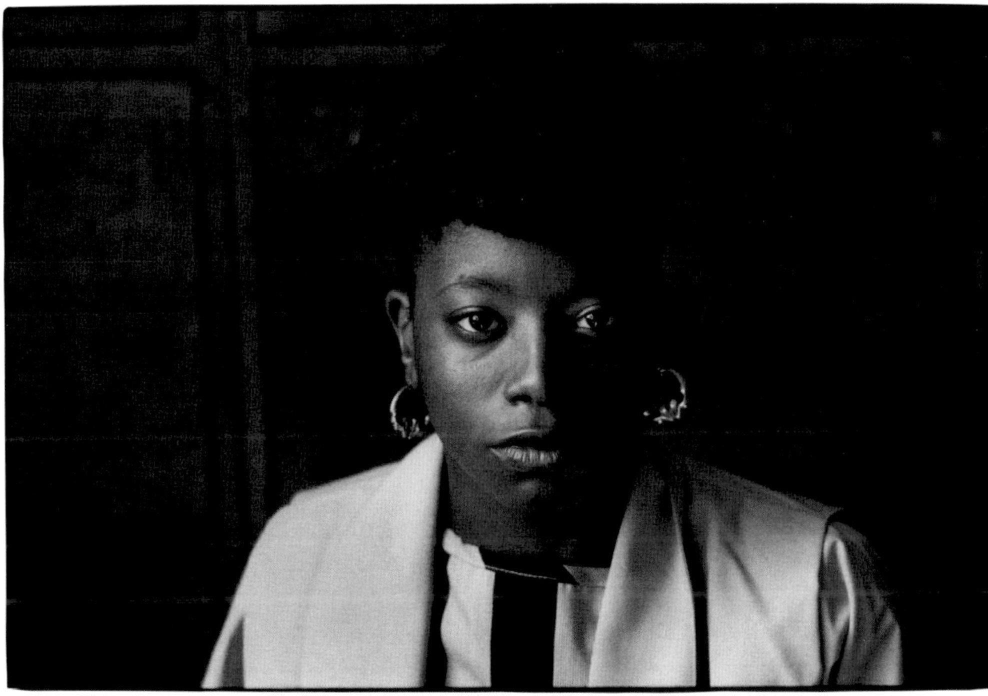

74 **From the Say No to Drugs series / Z cyklu Say No to Drugs** New York 1986

Biographical Chronology

1952 Born February 24, Prostějov, Czechoslovakia, the son of Vlastimila Krčilová, née Hrouzková, and Bohumil Krčil, both master tailors at the training center of the state-owned Oděvní závody clothing factory, Prostějov.

1962 Received his first camera; joined his school photography club.

1967 Accepted to a vocational school for photography in the town of Olomouc, but, to satisfy his father, went instead to take a course in land-surveying at the secondary technical school, Brno.

1968 Quit his land-surveying studies, and began a tailoring course at the training center of the Oděvní závody, Prostějov. With friends, started a music group, in which he played guitar. Often traveled to Prague, where he played music with friends in pubs and on the street. Applied to the Film and Television School of the Academy of Performing Arts (FAMU), Prague.

1969 August 21, he and friends laid flowers at the place in a Prostějov park where another friend of theirs had been shot and killed by Soviet troops during the military intervention the year before. The police retaliated with interrogations and beatings. On August 30, emigrated to Vienna and, less than six months later, by way of a refugee camp, to Sweden. Was granted Swedish citizenship and spent most of the next eight years there.

1970–79 Attended grammar school, then completed a B.A. program in photography at the Konstfack (University College of Arts, Crafts and Design), Stockholm, also studied aesthetics at the University of Uppsala for two years.

1971–80 Traveled through Western Europe. Apart from Sweden and France, where he spent most of his time and made the photographs for the *Pétanque Players* series, and also traveled through Great Britain, Finland, Belgium, the Netherlands, Italy, Germany, and Greece.

1972 Took his first trip to Asia; went to Herat, Afghanistan.

1975–77 Took photographs mainly in France, but also in Great Britain, Ireland, and Tunisia.

1977 In Prague, the musician and writer Vlastimil Třešňák organized the first solo exhibition of Krčil's work. Held in a loft without the approval of the authorities, it included Krčil's photographs sent from Sweden and France to Czechoslovakia beginning in the 1970s.

1978 Began to work on the book *Česká fotografie v exilu* (Czech Exile Photography), compiling photographs by correspondence. Traveled to Herat for a second time, and made the series *Herat: The Gate of Time*.

1979 Again traveled to Asia, through Pakistan and India to the eastern part of the Himalayas, wrote about one of the earliest hashish cultures, and made his only known series of color photographs, *Hashish in the Home of the Gods*.

1980 In May, traveled to the United States on a tourist visa. Without planning to, settled in Manhattan, New York, for good. Repeatedly requested American citizenship, but was turned down.

1981 Became involved in the activities of the Czech artist community in New York. Tried to organize an exhibition to accompany the volume about Czech émigré photography, and tried to ensure that the Czech National Building, New York City, would again be used for the arts.

1981–91 Took photographs of Manhattan. Made his living as a freelance photographer, received assignments for photographs for advertisements and portraits, and worked in the darkroom of the Czech émigré photographer Antonín Kratochvíl. Contributed short articles and interviews to the Czech periodical *Paternoster*, which was published in Vienna.

1986 Established the Czech Independent Cultural Center whose membership gradually grew to about 250 people. The first real exhibition of Krčil's Afghan photographs was held in the 7A Cafe Gallery, New York. The New York periodical *Downtown* ran his report on Afghanistan.

1987 Published his first *samizdat* volume, *Sebráno v New Yorku 1987* (Collected in New York, 1987). After the great public reception that the first volume met with, began to work on a second volume, *Sebráno v New Yorku 1988–89*. Received his most important commission so far: portrait photographs for the *Say No to Drugs* campaign.

1989 In January, in collaboration with the legendary promoter and manager of rock musicians Giorgio Gomelsky, organized a benefit concert in New York for the imprisoned dissident art critic and poet Ivan M. Jirous, with performances by, among others, Allen Ginsberg and the Czech rock group Půlnoc.

1990 Host, in Brno, published Krčil's anthology of Czech exile photography, *Česká fotografie v exilu*, seven years after it had been completed. The next year, an exhibition of the same name was organized by Kateřina Klaricová in the Fórum exhibition hall, Prague.

1991 In March, lost consciousness, was hospitalized, and released two weeks later. Not till later was the real reason for the loss of consciousness discovered – a brain tumor in the early stages.

1992 After several months' illness, died in St. Vincent's Hospital Manhattan, July 10. The urn with his ashes was sent to the Prostějov municipal cemetery.

Životopisná data

1952 Narodil se 24. února v Prostějově Vlastimile Krčilové, rozené Hrouzkové, a Bohumilu Krčilovi, krejčovským mistrům v učňovském středisku Oděvních závodů Prostějov.

1962 Dostává svůj první fotoaparát, navštěvuje školní fotografický kroužek.

1967 Je přijat na fotografické učiliště v Olomouci, na otcovo přání však jde místo fotografování studovat zeměměřičství na stavební průmyslovku do Brna.

1968 Opouští studia zeměměřičství, nastupuje do učňovského střediska Oděvních závodů Prostějov. S kamarády zakládá hudební skupinu, v níž hraje na kytaru. Často dojíždí do Prahy, kde vystupuje s přáteli po hospodách a na ulicích. Pokouší se o přijetí na pražskou FAMU.

1969 21. srpna pokládá s kamarády v prostějovském parku kytici na místo, kde byl během sovětské invaze zastřelen jejich společný přítel. Následuje represivní zásah policie, zahrnující výslech a bití. 30. srpna odchází do emigrace, nejprve do Vídně a o necelý půlrok později přes uprchlický tábor do Švédska, kde získává státní občanství a tráví zde většinu z následujících osmi let.

od 1970 Studuje večerně gymnázium, absolvuje dva roky studia estetiky na univerzitě v Uppsale a následně se věnuje bakalářskému studiu fotografie na Vysoké uměleckoprůmyslové škole Konstfack ve Stockholmu.

1971–80 Cestuje po západní Evropě. Vedle Švédska a Francie, kde tráví nejvíce času a nafotí volný cyklus Koulaři, jezdí také po Velké Británii, Finsku, Belgii, Nizozemí, Itálii, Německu a Řecku.

1972 Poprvé cestuje do Asie, navštěvuje afghánské město Herát.

1975–77 Fotografuje zejména ve Francii, ale také v Anglii, Irsku a v Tunisku.

1977 Vlastimil Třešňák pořádá v Praze první Krčilovu neoficiální samostatnou výstavu, takzvanou „půdní". Vystavuje na ní Krčilovy fotografie zasílané od počátku sedmdesátých let ze Švédska a z Francie do Čech.

1978 Začíná pracovat na knize *Česká fotografie v exilu*, korespondenčně k ní sbírá materiály. Podruhé cestuje do Herátu, vytváří soubor *Herat: The Gate of Time* (*Herát – brána časů*).

1979 Opět cestuje do Asie, přes Pákistán a Indii se dostává do východní části Himaláje, kde textem popisuje jednu z nejstarších hašišových kultur a fotografuje svůj jediný známý barevný cyklus *Hashish in Home of the Gods* (*Hašiš v Domově bohů*).

1980 V květnu na turistické vízum cestuje do Spojených států, kde se v New Yorku na Manhattanu neplánovaně natrvalo usazuje. Průběžně žádá o americké občanství, jež však nikdy nezíská.

1981 Zapojuje se do aktivit české kulturní komunity v New Yorku, snaží se o realizaci výstavy *Česká fotografie v exilu*, usiluje o záchranu a kulturní využití České národní budovy v New Yorku.

1981–91 Fotografuje Manhattan. Živí se jako nezávislý fotograf, přijímá zakázky na reklamní fotografie, portréty, zvětšuje také snímky pro fotografa Antonína Kratochvíla. Přispívá krátkými texty a rozhovory do vídeňské revue Paternoster.

1986 Zakládá České nezávislé kulturní středisko, které se postupně rozrůstá na 250 členů. Koná se první oficiální výstava Krčilových afghánských fotografií v 7A Cafe Gallery v New Yorku. Vychází jeho reportáž o Afghánistánu v Newyorském časopisu Downtown.

1987 Vydává svůj první samizdatový sborník *Sebráno v New Yorku 1987*, po jeho velké odezvě mezi čtenáři začíná pracovat na dalším dílu: *Sebráno v New Yorku 1988–89*. Dostává svou nejvýznamnější reklamní zakázku na cyklus portrétních fotografií pro protidrogovou kampaň *Say No to Drugs*.

1989 V lednu pořádá ve spolupráci s Giorgiem Gomelskym v New Yorku koncert na podporu uvězněného Ivana M. Jirouse, kde vystupují mimo jiných Allen Ginsberg a skupina Půlnoc.

1990 V nakladatelství Host v Brně vychází po sedmi letech od svého dokončení Krčilova antologie českých exilových fotografů *Česká fotografie v exilu*. V následujícím roce probíhá ve Výstavní síni Fórum v Praze stejnojmenná výstava zorganizovaná Kateřinou Klaricovou.

1991 V březnu upadá do bezvědomí – je poprvé hospitalizován, po čtrnácti dnech propuštěn. Teprve později byl rozpoznán pravý důvod ztráty vědomí – začínající mozkový nádor.

1992 Po několikaměsíční nemoci umírá 10. července v newyorské nemocnici St. Vincent's Hospital Manhattan. Urna s jeho popelem byla převezena na městský hřbitov v Prostějově.

Solo Exhibitions / Samostatné výstavy

1978	„Půdní výstava“, underground / neoficiální, Praha (organized by / připravil Vlastimil Třešňák)
1986	*Herat: A World Gone*, 7A Cafe Gallery, New York
1994	Galerie U bílého jednorožce, Klatovy (organized by / připravila Anna Fárová)
1995	*Bohumil „Bob“ Krčil. Entre Hérat et Manhattan*, Espace Aragon, Longjumeau
1996	*Bohumil (Bob) Krčil*, Muzeum Prostějovska, Prostějov (organized by / připravil Antonín Dufek)

Group Exhibitions / Skupinové výstavy

1978	I. neoficiální výstava československé fotografie, „Zahradní výstava“, Letky u Prahy
1979	II. neoficiální výstava československé fotografie, Letky u Prahy
1975–77	*Konstfackskolan* (art school exhibitions / školní výstavy), Stockholm
1982	*Afghanistan Today*, Soho Photo Gallery, New York
1991	*Česká fotografie v exilu*, Výstavní síň Fórum, Praha (organized by / připravila Kateřina Klaricová)
1992	*Československá fotografie v exilu*, Výstavní síň Mánes, Praha (organized by / připravila Anna Fárová)

Bibliography / Literatura

Articles, Interviews, and Edited Volumes by Bohumil Krčil / Vlastní texty Bohumila Krčila

Bazén (povídka), *Paternoster* (Vídeň), 1983, č. 4 /1984, č. 5, s. 52–61, znovu 1992, č. 4, s. 42 n.

Zmrtvýchvstání Jaroslava „Ernouše“ Šedivýho (rozhovor), *Paternoster* (Vídeň), 1984, č. 7, s. 56–66 a 1984, č. 8, s. 49–64.

Rozhovor s fotografem Antonínem Kratochvílem, in: *Contemporary American Erotic Photography*, Los Angeles, Melrose 1984.

Marnosti na truc aneb hlavolam Národní budovy, New York 1984, unpublished / nevydáno.

Pod vlivem New Yorku aneb rozhovor s malířem Antonínem Málkem, *Paternoster* (Vídeň), 1986, č. 13, s. 77–91.

The Aerial Hooligan (with William T. Rafael / s Williamem T. Rafaelem), New York 1987, unpublished / nevydáno.

Sebráno v New Yorku 1987, New York 1987, samizdat.

Newyorský taxikář, *Afghánský zápisník, Mezinárodní časopis na podporu bojujícího Afghánistánu*, č. 2 (edited by / redaktor Jacek Adam Winkler, Czech version edited by / redaktor české verze Jan Tesař), Association Solidarność Afghanistan, April / duben 1988.

Sebráno v New Yorku 1988–89, New York 1989, unpublished / nevydáno.

Hashish in Home of the Gods, Uppsala 1979 – New York 1991, unpublished / nevydáno.

The Boundaries of Twilight: Czecho-Slovak Writing From the New World, ed. C. J. Hribal, Minneapolis, New Rivers Press 1991, s. 297 (fotografie).
Short History of the Bounced Czech in America, *OK America*, č. 1, New York 1992.

Photographs in Selected Magazines / Fotografie v časopisech (výběr)

Photo-Reporter, Francie, 1979
Formations, 80. léta
New York Daily News, 80. léta
Ritz, 80. léta
Heavy Metal, USA, 1981
SoHo News, New York, 1981–82
High Times, USA, 1982 (and the rest of the 1980s / a celá osmdesátá léta)
Západ, Kanada, 1983
Downtown, New York, 1986
The New York Times, 1986–89
The Boundaries of Twilight, Minneapolis, 1991
Revue K, Paris, 1990, 1993
Revolver Revue, Praha, 1995

Exhibition Catalogs / Katalogy výstav

Česká fotografie v exilu (with articles by / texty Kateřina Klaricová & Charles Salaquarda), Brno, Host 1990.
Bohumil „Bob" Krčil, katalogový list (with articles by / texty Anna Fárová & Vlastimil Třešňák), Klatovy, Galerie U bílého jednorožce 1994.
Bohumil (Bob) Krčil (with an article by / text Antonín Dufek), Prostějov, Muzeum Prostějovska 1996.

Articles / Články

Klass, Rosanne: Profile of Bohumil „Bob" Krčil, *Downtown* (New York), 8. 10. 1986.
Bohumil „Bob" Krčil, ed. Jaroslav Kyncl, with articles by / autoři textů Anna Fárová, Viktor Klouda, Iva Pekárková et al, *Revue K*, Issue 46–49, Paříž 1993, s. 5–23.
Moucha, Josef: Krčilův odkaz: velikost není vždy slovutná, *Mladá fronta Dnes*, 16. 6. 1995.
Formánek, Jaroslav: Proč si vzal s sebou deštník?, *Revolver Revue*, 1997, č. 35, s. 164–200.
Birgus, Vladimír & Scheufler, Pavel: *Fotografie v českých zemích 1839–1999*, Praha, Grada 1999.
Kameš, Roman & Kynčl, Jaroslav: The Remarkable Revue K, in: *Slovo*, léto 2003, s. 23–27.

List of Published Photographs

34 Delivery Man with Candy, Herat, Afghanistan, 1978
35 Coal Merchant, Herat, Afghanistan, no date
36 Passenger from Nuristan, the Land of Light, Pakistan, 1978
37 The Wife of a Wanted Con Man, India, 1978
38 A Sikh Boy on a Roof, Hyderabad, India, 1978
39 Untitled, India, 1978
40 Welcome to India, Punjab, India, 1978
41 From the *Home of the Gods* series, India, 1979
42 From the *Home of the Gods* series, India, 1979
43 From the *Home of the Gods* series, India, 1979
44 From the *Home of the Gods* series, India, 1979
45 From the *Home of the Gods* series, India, 1979
46 From the *Home of the Gods* series, India, 1979
47 From the *Home of the Gods* series, India, 1979
48 From the *Home of the Gods* series, India, 1979
49 From the *Home of the Gods* series, India, 1979
50 From the *Home of the Gods* series, India, 1979
51 From the *Home of the Gods* series, India, 1979
52 Behind the Metropolitan Museum of Art, New York, 1983
53 Dr. W. before the Guggenheim, New York, July 1983
54 Snow and Steam over Madison Avenue, New York, 1981
55 Waiting in Chelsea, New York, *c.* 1982
56 The Twins in the Wind, New York, 1983
57 Manhattan through a Fence (Runners at the Reservoir in Central Park), New York, May 1980
58 Untitled, New York, *c.* 1982
59 7 + 1 on Sixth Avenue, New York, autumn, 1982
60 Harlem, 126th Street and Broadway, New York, June 1986
61 Neon Lights on 42nd Street between Ninth and Tenth Avenue, New York, 1987
62 Edith Piaf Imitator, Central Park, New York, *c.* 1982
63 Two Friends, New York, 1982
64 Upper East Side Conversation, Manhattan, New York, *c.* 1982
65 Indian Chief and a Guest at the YMCA, New York, 1982
66 Hairdresser's, New York, 1989
67 Harant, the Butcher, in his shop on First Avenue, Little Bohemia, Manhattan, New York, 1981
68 Hugo Garcia de Pagano, Soho, New York, spring 1987
69 Mark L., in Central Park North, New York, 1981
70 From the *Say No to Drugs* series, New York, 1986
71 From the *Say No to Drugs* series, New York, 1986
72 From the *Say No to Drugs* series, New York, 1986
73 From the *Say No to Drugs* series, New York, 1986
74 From the *Say No to Drugs* series, New York, 1986

Seznam publikovaných fotografií

35 Prodavač uhlí, Herát, Afghánistán, nedatováno
36 Muž ze země světla – Nuristánu, Pákistán, 1978
37 Žena hledaného podvodníka, Indie, 1978
38 Večeře na střeše v Hajdarábádu, Indie, 1978
39 Bez názvu, Indie, 1978
40 Anděl smrti, Pandžáb, Indie, 1978
41 Z cyklu Domov bohů, Indie, 1979
42 Z cyklu Domov bohů, Indie, 1979
43 Z cyklu Domov bohů, Indie, 1979
44 Z cyklu Domov bohů, Indie, 1979
45 Z cyklu Domov bohů, Indie, 1979
46 Z cyklu Domov bohů, Indie, 1979
47 Z cyklu Domov bohů, Indie, 1979
48 Z cyklu Domov bohů, Indie, 1979
49 Z cyklu Domov bohů, Indie, 1979
50 Z cyklu Domov bohů, Indie, 1979
51 Z cyklu Domov bohů, Indie, 1979
52 Za Metropolitním muzeem, New York, 1983
53 Dr. W. před Guggenheimovým muzeem, New York, červenec 1983
54 Sníh a pára nad Madison Avenue, New York, 1981
55 Čekání v Chelsea, New York, c. 1982
56 Dvojčata ve větru, New York, 1983
57 Přes plot na Manhattan (Běžci u nádrže v Central Parku), New York, květen 1980
58 Bez názvu, New York, c. 1982
59 7 + 1 na Šesté Avenue, New York, podzim 1982
60 Harlem – 126. ulice a Broadway, New York, červen 1986
61 Neony na 42. ulici mezi 9. a 10. Avenue, New York, 1987
62 Napodobovatelka Edith Piaf v Central Parku, New York, c. 1982
63 Dvě kamarádky, New York, 1982
64 Konverzace na Upper East Side, Manhattan, New York, c. 1982
65 Indiánský náčelník a host v YMCE, New York, 1982
66 Kadeřnictví, New York, 1989
67 Řezník pan Harant ve svým krámě na První Avenue, Malá Bohémie, Manhattan, New York, 1981
68 Hugo Garcia de Pagano, Soho, New York, jaro 1987
69 Mark L. v severním Central Parku, New York, 1981
70 Z cyklu Say No to Drugs, New York, 1986
71 Z cyklu Say No to Drugs, New York, 1986
72 Z cyklu Say No to Drugs, New York, 1986
73 Z cyklu Say No to Drugs, New York, 1986
74 Z cyklu Say No to Drugs, New York, 1986

Bohumil Krčil

by Jitka Hlaváčková
Translation: Derek & Marzia Paton
Graphic concept: Studio Najbrt, Prague
Graphic design: Pavel Lev & Klára Stíbalová, Studio Najbrt
Lithography: Art D, Prague
Printed by Trico, Prague
Copy editors: Jan Šulc and Derek Paton
Published by TORST
Address: Opatovická 24, Prague 1
CZ-110 00, Czech Republic
foto@torst.cz
First edition, 2007

Also available through D. A. P./Distributed Art Publishers
155 Sixth Avenue, 2nd Floor, New York, N.Y. 10013, USA
Tel: ++1 (212) 627-1999 Fax: ++1 (212) 627-9484